# 什么是

[美]戈登·奥尔波特 —————— 著　韩阳 —————— 译

# 偏见

江苏人民出版社

**图书在版编目（CIP）数据**

什么是偏见 /（美）戈登·奥尔波特著；韩阳译 .
南京：江苏人民出版社，2024.11.--ISBN 978-7-214
-29570-5

Ⅰ. C912.62-49

中国国家版本馆 CIP 数据核字第 20246XQ094 号

| | | |
|---|---|---|
| 书　　　　名 | 什么是偏见 | |
| 著　　　　者 | ［美］戈登·奥尔波特 | |
| 译　　　　者 | 韩　阳 | |
| 责 任 编 辑 | 胡海弘 | |
| 封 面 设 计 | 扁舟设计 | |
| 版 式 设 计 | 张文艺 | |
| 出 版 发 行 | 江苏人民出版社 | |
| 出版社地址 | 南京市湖南路 1 号 A 楼，邮编：210009 | |
| 印　　　　刷 | 天津旭非印刷有限公司 | |
| 开　　　　本 | 880 毫米 × 1230 毫米 1/32 | |
| 印　　　　张 | 10 | |
| 字　　　　数 | 168 千字 | |
| 版　　　　次 | 2024 年 11 月第 1 版 | |
| 印　　　　次 | 2024 年 11 月第 1 次印刷 | |
| 标 准 书 号 | ISBN 978-7-214-29570-5 | |
| 定　　　　价 | 59.80 元 | |

（江苏人民出版社图书凡印装错误可向承印厂调换）

# 出版说明

　　戈登·奥尔波特的这部作品是一部经典之作。尽管随着时间的推移，关于偏见的细化研究已经取得了显著的进步，但它依然散发着无与伦比的开源式魅力，被社会心理学研究者视为不可或缺的案头参考书。

　　书中，作者深入洞察了人类经验复杂性的核心话题"偏见与歧视"，并进一步提出了对于如何减少歧视和偏见所带来的不良影响的建议，观点新颖，文辞洗练，兼具说理性与可读性。

　　然而，原书内容之丰富，包含了过于复杂或专业的实验理论分析等论述。因此，我们在尊重原文、展现其著作精神的前提下，对其进行了选译，适当删减了部分与主题关联不大的内容。

　　在这个过程中，我们始终秉持尊重原著的原则，全力保留书籍的核心思想和教育价值，确保书籍的整体连贯性。我们期待，通过这样的努力，本书能够触及更广泛的读者，为大家提供有价值的见解和启发。希望这个经过精心编辑的版本能够为诸位提供一餐更有条理、更易于消化的阅读盛宴。特此说明。

# CONTENTS
目录

## 第一部分　先入为主的思维方式

**第一章　问题出在哪里?**

一个案例 ....................................................002

定义 ..........................................................004

偏见是一种价值观吗? ...............................007

功能性意义 ...............................................009

态度与信念 ...............................................010

偏见诉诸行为 ...........................................011

**第二章　先入为主是常态**

群体的划分 ...............................................014

分类的过程 ...............................................017

当类别与证据相冲突 ...............................021

以个人价值为类别 ...................................023

个人价值观与偏见 ...................................024

**第三章　内群体的形成**

什么是内群体 ...........................................030

以性别为基础的内群体 ...........................033

内群体的易变性 .......................................035

内群体和参照群体 ...................................037

*I*

社会距离 ......................................................038

偏见的群体规范理论.....................................040

内群体可以脱离外群体而存在吗？...............042

人类是否可以构成一个内群体？....................043

**第四章　对外群体的排斥**

言语排斥 ......................................................048

歧视 ..............................................................050

引发身体攻击的条件....................................054

暴动与私刑 ..................................................057

谣言的推波助澜 ...........................................059

**第五章　偏见的模式和程度**

人整体态度的偏见.........................................061

偏见到底有多普遍？ ....................................062

偏见的人口统计学差异.................................065

# 第二部分　群体差异

**第六章　关于群体差异的科学研究**

发现了差异就要被排斥吗？ ...........................068

罪有应得论 ..................................................069

群体差异研究方法.........................................070

差异的类型和程度.........................................079

对差异的解读 ..............................................080

**第七章　种族和民族差异**

　　为何强调种族 ...................................082

　　真正的种族差异 ...............................085

　　文化相对性 .......................................086

　　国民性 ...............................................088

**第八章　可见性与陌生感**

　　幼儿期 ...............................................091

　　可见差异暗含了真实差异 ...............093

　　可见程度 ...........................................095

　　关于可见线索的态度凝缩 ...............097

　　感官厌恶 ...........................................098

　　讨论 ...................................................101

**第九章　因受害而出现的特质**

　　自我防卫 ...........................................104

　　过度关注 ...........................................105

　　群体成员身份的否认 .......................106

　　退缩和被动 .......................................108

　　哗众取宠 ...........................................109

　　加强内群体的联系 ...........................110

　　面对外群体的指责 ...........................112

　　认同主流群体：自我厌恶 ...............113

　　对所属群体的敌意 ...........................114

　　对外群体的偏见 ...............................116

　　同情 ...................................................116

反击：动用武力 ......................................117

奋发有为 ...............................................117

争取象征性地位 ......................................118

神经官能症 ...........................................119

自证预言 ...............................................121

# 第三部分　对群体差异的感知与思考

## 第十章　认知过程

筛选、强调和诠释 ..................................125

导向性思考和自我中心思考 .....................126

因果思维 ...............................................128

最省力原则 ...........................................129

偏见人格的认知动力学 ...........................130

## 第十一章　语言因素

被切分的名词 ........................................131

情绪性标签 ...........................................133

语言现实主义和符号恐惧症 .....................134

## 第十二章　美国文化中的刻板印象

刻板印象与群体特质 ...............................136

定义刻板印象 ........................................138

大众传媒与刻板印象 ...............................139

刻板印象随时代变迁 ...............................141

# 第四部分 社会文化因素

## 第十三章 社会结构及文化形态

异质性 ...................................................... 147

垂直流动 .................................................. 148

社会急剧变化 .......................................... 149

无知和沟通障碍 ...................................... 149

少数群体的规模和密度 .......................... 151

直接竞争与现实冲突 .............................. 152

剥削带来的好处 ...................................... 153

对攻击性的社会调控 .............................. 155

保障忠诚的文化手段 .............................. 156

文化多元与文化同化 .............................. 158

## 第十四章 选择替罪羊

替罪羊的含义 .......................................... 161

特定场合下的替罪羊 .............................. 163

## 第十五章 接触效应

接触的种类 .............................................. 165

偶然接触 .................................................. 167

熟识 .......................................................... 168

居住性接触 .............................................. 168

职业上的接触 .......................................... 169

追求共同目标 .......................................... 170

出于善意的接触 ...................................... 171

性格差异 ....................................................172

# 第五部分　偏见的习得

## 第十六章　遵从

遵从和功能性意义 ...............................174

社交入场券 ......................................175

绝对服从的神经症 ...............................176

文化中的族群中心主义核心 ...................178

遵从的基本心理 .................................179

冲突与叛逆 ......................................181

## 第十七章　童年早期

儿童教养 ........................................185

对陌生的恐惧 ...................................187

种族意识的萌生 .................................188

语言标签：权力和拒绝的象征 ................190

偏见习得的第一个阶段 ........................191

偏见习得的第二个阶段 ........................194

## 第十八章　后续习得

调节 .............................................198

选择性感知和封闭 .............................199

辅助性习得 ......................................201

对地位的需要 ...................................201

## 第十九章 内在冲突

愧疚与偏见 .................................. 204

内在抑制 .................................. 205

内在冲突的应对 .................................. 206

# 第六部分 偏见的动力机制

## 第二十章 挫折

挫折的来源 .................................. 212

挫折耐受力 .................................. 216

对挫折的反应 .................................. 216

## 第二十一章 攻击性与仇视

攻击性的本质 .................................. 217

"排解"的问题 .................................. 218

作为人格特质的攻击性 .................................. 220

攻击的社会模式 .................................. 222

仇恨的本质 .................................. 224

## 第二十二章 焦虑、性与愧疚

恐惧与焦虑 .................................. 226

经济不安全感 .................................. 227

自尊 .................................. 228

性 .................................. 228

罪恶感 .................................. 230

懊悔与补偿 ............................................ 231

偶尔的补偿 ............................................ 231

否认罪恶感 ............................................ 232

抹黑指控者 ............................................ 232

将偏见合理化 ............................................ 233

投射 ............................................ 233

## 第二十三章　投射

嫉妒 ............................................ 234

外责型人格特质 ............................................ 235

压抑 ............................................ 237

生动的墨迹测验 ............................................ 238

直接投射 ............................................ 239

刺与梁木式投射 ............................................ 240

互补式投射 ............................................ 241

# 第七部分　人格结构

## 第二十四章　偏见型人格

功能性偏见 ............................................ 244

对父母的矛盾情结 ............................................ 245

道德主义 ............................................ 246

二元论思维 ............................................ 248

对确定性的需求 ............................................ 248

外化 ..................................................... 250

制度主义 ............................................. 250

权威主义 ............................................. 252

**第二十五章　煽动**

追随者 ................................................. 254

作为个体的煽动者 ............................. 256

偏执狂 ................................................. 258

**第二十六章　包容的人格**

早期生活 ............................................. 261

包容的类型 ......................................... 262

从众型包容与秉性型包容 ................. 263

好战型包容与和平型包容 ................. 264

教育 ..................................................... 265

同理心 ................................................. 266

自我洞察 ............................................. 267

内责性 ................................................. 268

个人价值观 ......................................... 269

生活哲学 ............................................. 271

## 第八部分　如何减少群体冲突

### 第二十七章　应该立法吗？

立法简史 ............................................. 274

立法类型 .................................................... 276

法律可否影响偏见态度 ............................. 276

立法与社会科学 ........................................ 280

**第二十八章　我们能做的**

正规教育 .................................................. 282

接触和增进了解 ........................................ 286

群体再训练 .............................................. 287

大众媒体 .................................................. 288

劝导 ......................................................... 291

个体治疗 .................................................. 291

宣泄 ......................................................... 292

**第二十九章　局限与展望**

特殊阻碍 .................................................. 294

结构论证 .................................................. 295

积极原则 .................................................. 299

跨文化教育的重要性 ................................. 301

**结　语**

关于理论的结语 ........................................ 303

关于价值观的结语 ..................................... 304

第一部分

# 先入为主的思维方式

# 第一章　问题出在哪里？

在罗德西亚，一名白人卡车司机开车路过一群悠闲的当地人时，嘟囔着骂道："懒散的畜生！"几个小时后，这名司机看到另一群当地人一边喊着号子，一边将一袋袋两百磅重的谷物搬上车时，他又忍不住要抱怨："野蛮人！还能指望他们做什么！"

在西印度群岛的某个地方，有段时间，当地人在路上遇见美国人时，都会下意识地捂住鼻子。在二战期间的英格兰，人们会说："美国佬的毛病就这仨，赚得太多、纵欲过度、出现在这儿。"

世界上没有哪个角落是群体嘲讽的安全港。诚如查尔斯·兰姆所言，我们囿于各自不同的文化，本就带着各种不同的偏见。

## 一个案例

时值初夏，多伦多的两家报纸分别刊登了约 100 家不同度假村的假日广告。加拿大的社会科学家 S. L. 瓦克斯以此为契机进行了一项有趣的实验。他给所有酒店和度假村都写了两封信，同时寄出，询问同一时间的订房事宜。不同的是，在其中一封信上，他署名"格林伯格先生"，在另一封信上则署名"洛克伍德先生"。以下是收到的回复统计结果：

回复署名"洛克伍德先生"：

52%的度假村给予回复；

36%可提供房间。

回复署名"格林伯格先生"：

95%的度假村给予回复；

93%可提供房间。

由此可见，几乎所有度假村都欢迎"格林伯格先生"来函垂询，也欢迎他入住；但将近有一半度假村都没有回复"洛克伍德先生"，哪怕是出于礼貌都没有，且仅仅有略多于三分之一的度假村愿意接待他。

所有酒店都不知道"洛克伍德先生"或"格林伯格先生"为何许人也。他们只是知道"格林伯格先生"或许是温和有礼的翩翩绅士，而"洛克伍德先生"则可能是个粗鄙吵闹的酒鬼。显然，酒店做决定时依据的并不是一个人的真实特质，而是基于对"洛克伍德先生"应该属于某个群体的假设。洛克伍德先生仅仅是因为他的姓氏，就没有受到礼遇，反而遭到排斥。酒店经理只是看到这个姓氏，就产生了偏见，认定他是不受欢迎的客人。

这个案例包含了种族偏见的两个基本元素。（1）明确的敌意和排斥。大部分酒店都不想与"洛克伍德先生"产生瓜葛。（2）这种排斥以类别为基础。"洛克伍德先生"并没有被当作某个个体，相反，他因人们对其所预设的群体身份而受到责难。

# 定义

"prejudice（偏见）"一词源于拉丁语的"praejudicium"，跟绝大多数词语一样，自古典时期以来，它的含义也几经流变。

人的偏见通常会在接触到受排斥群体的个别成员时表现出来。但我们在避开黑人邻居，或者选择不回复"洛克伍德先生"的订房申请时，实际上是根据我们对某个群体整体的范畴化归类而做出的行为。我们几乎没有考虑到个体差异，忽视了这个重要的事实，同样是我们的邻居，黑人甲可能与黑人乙完全不同，洛克伍德先生也可能是一位风度翩翩的绅士。

这一心理历程非常普遍，因此我们可以将偏见定义为：

仅仅因为某个人属于某个群体，就预先假定他身上具有应归咎于该群体的不良特质，进而厌恶他或仇视他的行为。

定义强调了这一事实：尽管日常生活中出现的种族偏见大多是针对个人的，但同时也反映出对某个群体整体毫无根据的观念。

回到"证据足够"这个问题上，我们必须承认，人们鲜少在绝对确定的情况下做出判断。我们可以合理推断太阳明天依旧升起，但无法绝对确定这是一种必然。某个判断是否证据充分通常都只是概率问题。一般来说，相较于对人的判断，我们对自然事件的判断往往更确定、更准确，对民族或种族群体的范畴化判断则很少是根据高概率做出的。

举例来说，二战期间，绝大多数美国人对纳粹领导者都抱有敌意。这是偏见吗？答案是否定的，因为有大量已有证据表明，纳粹党当时将诸多恶劣的政策和计划作为官方准则。诚然，或许纳粹党中还有善良的人，内心反对这样残暴的计划，但纳粹党人给世界和平和人道价值观带来了切实的威胁，这一概率如此之高，所以引发了一场真实且合理的冲突。鉴于危险的概率很大，人们的敌意便不仅仅是在偏见的范围之内，而是升级为现实的社会冲突。

再以帮派为例，我们对他们的敌意也不算是偏见，因为他们反社会的行为确凿无疑。不过，我们很快会发现，偏见与否的界限很难划分。比如怎样面对一个有前科的人呢？众所周知，有前科的人要想找到一份稳定的工作以自食其力，并获得他人尊重简直难于上青天。一旦雇主知道这个人的过往，自然而然就会起疑心。可如果他们深入了解，可能就会发现眼前这个人已经改过自新，甚至发现他最初可能就是含冤入狱。仅仅因为一个人有犯罪记录就对其关上给予的大门,这在一定程度上说得通,毕竟很多罪犯不可能改邪归正,可这种判断中未免也包含有"证据不足"的成分,这多少是有一些模糊的。

我们永远无法在"证据充分"和"证据不足"之间划出明确的界限。正因如此,我们永远无法确定,自己面对的情形是否带有偏见。然而,没有人会否认,我们对某件事的判断通常是在发生概率很低,甚至概率为零的情况下形成的。

**过度范畴化**或许是人类思维最常见的恶作剧了。方见一角,我们就急匆匆要概化出一整座冰山。一个小男孩因为对北欧神话中的巨人始祖尤弥尔印象深刻,便渐渐认为所有挪威人都是巨人,以至于多年来都很害怕,直到真正遇到了一个挪威人。某个人恰好认识三名英国人,又在那三个人身上找到了共同的特征,于是就宣称所有英国人都具有那种特征。

这种倾向很自然。人生不过须臾,可我们因应实际情况要做出的调整却很多,不能任由自己的无知阻碍每天要完成的日常事务。我们无法一一衡量世间万般事物,所以现成的粗糙评判方式哪怕再简略宽泛,却不失为日常应对之法。

有些过度范畴化不会带来偏见,只是因为我们整合了错误的信息,所以产生了**误判**。一个孩子已经认为所有住在明尼阿波利斯（minneapolis）的人都是"monopolist（垄断者）"，又从父亲那里得知垄断者都是坏人。多年之后，他意识到自己混淆了二者之后，对明尼阿波利斯人的厌恶就会消失了。

一项测试可以帮助我们辨别是普通的判断错误还是偏见。如果一个人发现了新证据，并据此调整此前的错误判断，那他就没有偏见。**只有在新证据出现后仍坚持原先的误判的才是偏见。**不同于单纯的误解，偏见是对所有抵消因素积极能动的抗拒。如果有谁对偏见提出了质疑，抱有偏见的人就会变得很情绪化。由此可见，一般的预判和偏见之间的区别就在于，个体是否可以心平气和、不带任何抗拒情绪地对预判进行探讨和修正。

虑及以上各种考量因素，我们现在或许可以给出"负面种族偏见"的最终定义——这一定义将贯穿全书的讨论：

种族偏见是基于错误且僵化的类别化而产生的厌恶态度，可以是内在情绪，也可能有外在表现，可能针对的是某个群体整体，也可能是因为其属于该群体中的个别成员。

### 偏见是一种价值观吗？

有些学者在定义偏见时，会增加一个前提。他们认为，态度之所以成为偏见，是因为其违反了某些文化中人

们广为接受的重要规范或价值。他们坚持认为偏见不过是
违背社会道德的预判。

一项实验显示，对"偏见"一词的使用的确带有这种
色彩。该实验请几名成年评判者听取九年级学生的陈述，
并根据内容反映的"偏见程度"对陈述进行分类。结果表
明，无论男孩对女孩这个群体发表了怎样的看法都不会被
视为偏见，因为大家认为取笑异性在青春期早期是正常的。
同样，对老师的诸多看法也没有被视为偏见，毕竟这个年
纪的孩子对老师有排斥也可以理解，况且对社会也不会带
来重大影响。不过，孩子们对工会、社会阶级、种族或国
籍表现出敌意时，评判者更倾向于将之判定为"偏见"。

简而言之，人们在判定某种不公平的态度是否为偏见
时，会考量这种态度是否对社会具有重要意义。例如，如
果 15 岁的男孩"排斥"女孩不会被视作偏见，但如果他"排
斥"外国人则会被视为偏见。

在简单的心理学意义上，偏见是负面的、过度归类的
判断，在种姓社会、奴隶社会、相信巫术的地区还有道德
敏感度较高的社会都有存在。

当然，比起没有道德传统的国家，有些信仰基督教和
有民主传统的国家更无法容忍种族偏见。

尽管如此，"偏见的客观事实"和"对这些事实进行的
文化或道德判断"完全不同，我们没有任何理由将二者混

为一谈，也不应该被词语的负面含义所误导，认为那只是一种价值判断。以**"流行病"**这个词为例，它包含了让人不舒服的内容，所以伟大的流行病征服者巴斯德理所当然会痛恨它，但这种价值判断丝毫不影响他成功征服流行病这一客观事实。

有些国家致力于消除偏见，有些国家则不然，但无论我们面对的是印度人、纳瓦霍人、古希腊人，还是美国米德尔顿的居民，偏见的基本心理学分析机制都一视同仁。只要某种对人的消极态度是源于错误的过度范畴化，那就是进入了偏见的领域。偏见存在于所有年龄层的群体，也存在于各个国家中，所以人们对偏见的谴责并非必然。偏见是真实存在的心理问题，与由其引发的义愤并无关联。

## 功能性意义

有些对偏见的定义还包含另一重元素。例如：

偏见是一种人际关系中的敌对模式，主要针对整个群体或群体中的个体成员，用于满足偏见持有者借此实现特定的非理性目的。

这一定义最后的部分表明，负面态度只有用于实现个人的、自我满足式的目的时，才算是偏见。

很多偏见确实是出于自我满足的目的而形成并得以

维持。在大多数情况下，偏见似乎对偏见持有者具有某种"功能性意义"，但并非总是如此，有些偏见也只是盲从既有风俗习惯的结果。我们之后会讲到，有些偏见与个人的生活好恶没有重大关联，因此，我们似乎没有理由把偏见的"非理性功能"纳入其基本定义中。

## 态度与信念

我们已经提到过，对偏见恰当的定义包含两个基本元素。首先是要有表达喜爱或者厌恶的**态度**；其次必须要与过度归类（因而是错误的）的**信念**相关。带有偏见的表述有时表达的是态度，有时则表达的是信念。在下列几组陈述中，第一句表达的是态度，第二句表达的是信念：

· 我受不了黑人。

· 黑人身上都有味道。


· 我不愿意跟犹太人住在同一栋楼里。

· 虽然有个例，但犹太人基本上都差不多。


· 我不希望自己镇上有日裔美国人。

· 日裔美国人都狡猾奸诈。

讨论偏见时，有必要区分态度和信念吗？就某些方面而言，这并非必要。因为我们发现二者之一时，另一个通常也会存在。若不是抱持着对群体整体的概化信念，敌对态度也不会长久。当代研究显示，在偏见测试中表现出高度敌意的人，也会更坚定地认为其所排斥的群体有诸多令人厌恶的品质。

不过，对态度和信念的区分有时也颇有助益。例如，有些旨在弱化偏见的计划虽然能成功改变人的信念，但却无法改变人的态度。从某种程度上说，理性思考可以打破或改变人的信念。然而，人们总倾向于使用某种方式调整信念，使其符合自己更难转变的态度。

信念系统相当灵活，总能曲线救国，证明既有态度的正当性。这一过程被称为合理化。

请读者牢记偏见的两个基本要素，我们之后的讨论或许需要区分两者。但在本书中，如果使用偏见一词时没有对两个要素进行特别区分，则表示两个要素皆包含在内。

## 偏见诉诸行为

面对自己不喜欢的群体，人们的所作所为实际上并不一定直接表现他们对该群体真正的看法或感受。例如，假设两名雇主对犹太人的反感程度差不多，其中一名会将这种感觉藏在心里，在招聘时对犹太人一视同仁——或许是因为他想为自己的工厂或商铺赢得犹太人的喜欢；但另一名雇主则将自己的反感表现在雇用政策中，拒绝雇用犹太人。这两名雇主都有偏见，但只有其中一个将偏见转化为歧视。通常而言，相较于偏见，歧视会招致更直接且更严重的社会后果。

的确，任何负面态度都会以某种方式，在某种场合，通过行为表现出来。鲜少有人能完全掩盖自己的厌恶，反感的态度越强烈，就越有可能导致激烈的敌对行为。

我们或许可以按照负面行为的激烈程度，将其由弱至强排列如下：

1. **仇恨言论**。大多数抱持偏见的人都会宣之于口。他们会跟志趣相投的朋友们毫无避讳地表达自己的反感，跟陌生人交谈时偶尔也会如此。不过，很多人表达厌恶的行为不会超过这种温和的程度。

2. **回避**。如果偏见变得更为强烈，那么就算再不方便，这个人也会避开自己所反感的群体的成员。在这种情况下，抱有偏见的人并不会直接伤害自己不喜欢的群体，而是设法回避，独自承担所有不便。

3. **歧视**。在这种情景下，抱有偏见的人会有意识地区别对待，且这种区分是有害的。他会把受歧视群体排除在外，例如不允许他们从事某种职业、居住在某个区域，也不允许他们拥有某些政治权利、受教育权利或娱乐机会，不允许他们去教堂、去医院或享受其他社会权益。种族隔离就是有法律或习俗支撑而强制执行的制度化歧视。

4. **身体攻击**。情绪激动的情况下，带有偏见的人可能会出现暴力或近乎暴力的行为。不受欢迎的黑人家庭或许要被迫搬离居住的区域，或受到严重威胁，担惊受怕，不得不主动搬走。

5. **种族灭绝**。私刑、集体迫害、大屠杀，还有希特勒式的种族灭绝计划，就是基于偏见而产生的极端暴力行为。

以上五个层次并非以严谨的数学计算为基础，但有助于让大家认识到偏颇的态度和信念会引起各种不同的行为。虽然大部分人的偏见不会由仇恨言论上升到回避，或从回避上升到歧视，甚至发展到更激烈的程度，但一旦出现某个层次的行为，那过渡到更强烈的层次就会更容易。

从社会后果的角度来看，很多"礼貌的偏见"无伤大雅——仅仅止步于闲聊。可惜，在20世纪，偏见行为致命的升级出现得愈发频繁，给人类种族的和谐带来了巨大威胁。世界上人与人之间的联系愈发紧密，相互依存程度越来越高，不断增加的摩擦也愈发难以容忍。

# 第二章　先入为主是常态

人为何如此容易就会陷入种族偏见？答案就是我们此前提到过的两个基本要素天生普遍存在于人类思维中：**敌意**和**错误归类**。我们暂且搁置敌意及相关问题，先考虑人类生活和人类思维中，某些会让人不由自主形成错误预判或范畴预判的基本情景——这些预判会让人们走到种族对立或群体对立的边缘。

## 群体的划分

世界各地的不同群体都会彼此区隔。人们倾向于与自己的同类交往、饮食、玩耍、居住。他们相互拜访，也更愿意有相同的信仰。这种自发的凝聚力在很多时候只是出于对方便的考量。

因为如果跟同类聚在一起，我们能轻松完成大部分日常事务。圈外人很有可能无法理解我们跟朋友打闹闲聊时的笑点。如果硬要把不同风格习惯的人凑在一起，那场面就会很尴尬。这并不是因为我们有阶级偏见，只是我们跟同阶层的人相处时会比较舒服自在。此外，同阶层、同种族或同信仰的人中，有很多都适合一起玩耍、生活、用餐或组建家庭。

在工作场景中，我们有更多机会接触外群体的成员。在多层级的行业或公司中，管理者必须要与工人打交道，行政人员也要和保安打交道，销售人员也要跟后台文员打交道。在操作间，不同种族的人可能会并肩工作，不过闲暇时，大家还是更愿意留在能让自己觉得舒适的小群体内部。

少数群体之所以疏离，并不完全是主流群体的压迫所致。他们只是更喜欢跟自己人在一起，这样就不必紧张地说外语，也不用时刻注意言行。就像大学聚会老友见面一样，和跟自己有一样传统和背景的同学在一起才能"放松"。

实际上，人类群体自一开始就倾向于彼此划分。这种倾向并不是因为群体本能，也不是出于"同类意识"或偏见，而是因为在自己所属的文化中，人们最自如、轻松，也最有归属感和自豪感。

然而，分离主义一旦出现，各种心理上的猜忌就有了温床。群体间很少有沟通的渠道，因而彼此间的差异很容易就会被放大，差异存在的原因也很容易被误解。最重要的是，分离或许会导致真正的利益冲突以及很多想象中的冲突。

举个例子，德州墨西哥裔的工人胡安与他的白人雇主几乎毫无交集。他们居住地、语言和传统不同，各自去的教堂也不同。他们的孩子很有可能会在不同的学校念书，也不会成为玩伴。雇主只知道胡安会来上班、领薪水、下班。他发现胡安的工作表现时好时坏，看起来懒散且难以沟通。于是，雇主很容易就会产生这样的印象，胡安所属的整个群体都会有这样的特质，进而就对墨西哥人产生了刻板印象，认为他们懒散、浅薄、不可信赖。之后，如果雇主发现胡安的工作失误给自己造成了经济上的损失，这就埋下了敌意的种子——特别是如果他认为自己的高赋税和财务困难都是拜墨西哥人所赐，敌意就会更深。

现在，胡安的雇主认为"所有墨西哥人都很懒惰"。等他遇到一个不认识的墨西哥人时，就会带着这种刻板印象。这种预判是错误的，原因有二：（1）并非所有墨西哥人都一样；（2）胡安并不是真的懒惰，而是个人价值观让他显得行为懒散。事实上，胡安喜欢和自己的孩子待在一起，也会庆祝宗教节日，还得修葺自家房屋。雇主对这些一无所知，所以按照逻辑，他应该说："我不知道胡安为什么有这种表现，因为我对他本人还有他的文化背景没有太多了解。"可是，雇主却采用了过于简单的方式处理这个复杂的问题，将一切归因于认为胡安和墨西哥人都很"懒惰"。

话说回来，雇主的刻板印象并非"空穴来风"：胡安的确是墨西哥人，确实在工作中的表现时好时坏。还有一种可能，雇主也接触过其他墨西哥工人，在他们身上遇到了类似的情况。

"证据充分的归类"与"错误归类"之间的界限很难划定，对本身就抱有归类概念的人来说更是如此。

## 分类的过程

人类在思考时，必须借助分类。分类一旦确定，就会成为日常预判的基础。我们完全无法避开这个过程，因为生活的有序就有赖于此。

可以说，分类的过程有五个重要特征：

（1）**分类可以将事物分为不同的类别和集群，进而引导日常行为调整**。人们大部分时间都必须倚仗先前形成的各种类别。天色变黑，气压下降，我们就会预测大雨将至，为此，我们会带伞出门。看到一只发狂的狗冲下马路，我们就会将它归类为"疯狗"，继而躲远。如果身体不适，我们去看医生，就会对他的医术有所期待。面对以上种种，还有数之不尽的其他情况，我们会对单独事件进行"归类"，将之纳入熟悉的框架内，并采取相应行动。不过，我们有时也会犯错：某一事件并不符合该类别。例如，低气压不一定下雨；乱跑的狗不一定发疯；医生也不一定够专业等等。然而，由于我们考虑到预期结果发生的可能性很高，所以我们的所作所为是合理的。尽管有时我们会把事物归错类，但至少尽力了。

所有的一切都显示，我们会按照生活经验自动把事件区分为不同的集群（概念、类别），尽管可能不一定正确，但归类的过程仍主导着我们全部的精神生活。每天，我们都会遇到无数事件，但无法处理这么多，所以要顺利解决，就要对事件进行分类。

（2）**类别化会尽可能扩大一个集群所集合的内容。**人在思考时会有奇怪的惰性，总希望能轻松解决问题。因此，遇到问题最有效的方法就是将之迅速归于某个合适的类别，并根据类别来预判解决方法。据说，偷懒的海军军医只会将前来就诊的病人分为两类：如果身上有可见伤口，那就在伤口上涂碘酒；如果看不到伤口，就给病人一把盐。只借助两个类别，他就可以顺利完成任务。

换言之：在对环境事件进行分类时，思维倾向于使用解决问题所需的"最粗略"的方式。如果上例中的军医在工作时因为过于草率而受到批评，那他可能会调整之前的方式，采用更细致的诊断分类方式。但大部分时间，只要可以，我们就更倾向于用粗糙的过度归类来"摆平"问题。（为什么？因为这样最节省精力，除非是自己感兴趣的事物，否则我们不愿浪费一丝心力。）

这种倾向的影响显而易见。如果白人雇主日常行事的依据是"墨西哥人都很懒惰"的归类结论，那么比起针对个别员工了解其行为背后的原因，过度分类可以节省很多心力。

（3）**分类能让我们快速辨识相关对象**。每个事件都有某种特征，提醒我们将对类别的预判转化为行为。看到一只胸前长着红色羽毛的鸟，我们就会想到"知更鸟"。看到横冲直撞的汽车，我们就会想到"司机喝醉了"，并采取相应行动。

由此，我们看到的事物、判断的方式以及采取的行动，都与类别有密切且直接的关系。事实上，我们之所以对事物进行分类，就是为了帮助自己形成感知，并采取适当行动——换言之，是让我们迅速、顺畅且连贯地调整生活。即便我们在归类时经常犯错，并由此陷入麻烦，但大多数情况下，归类的方法都比较可靠。

（4）**类别会对自己所包含的一切事物都染上同样的概念和情绪色彩**。有些类别几乎完全是指示性的，我们称之为概念。树这一概念是由我们对数百种树木种类和成千上万个别树木的印象集合形成的，但它本质上只有一个概念性意义。但很多概念除具有"意义"外，也包含独特的"感觉"。我们不仅知道"杠精""乡巴佬"这几个词的含义，也会对这个概念产生喜欢或厌恶的感觉。

（5）**类别或多或少是理性的**。我们已经说过，类别通常是基于某些"事实根据"。理性的类别就是如此，会随着相关经验的增加而不断扩大、固定。科学定律因为有经验作为支撑，也是理性类别的一种。任何符合某一定律的事件总会通过某种方式发生。即便定律并非百分之百准确，但我们认为，如果定律在预测事件发生与否方面准确率很高，那它就是理性的。

非理性类别是在缺乏足够证据的情况下形成的。这可能是因为这个人单纯只是不知道证据的存在，因而产生误解。很多概念都来源于传闻或二手信息，难免会造成错误信息的归类。比如说，假设孩子在上学时需要形成某些大致的概念，如对西藏人的概念，多数孩子只能相信老师和课本提供的信息，所以很可能会出错，但孩子已经尽力了。

另一种影响更深远、也更令人困惑的非理性预判就是无视证据。一个牛津大学的学生曾经说："虽然我也没遇见过哪个我讨厌的美国人，但我就是鄙视他们。"在这个案例中，类别其实和这名学生的亲身经历相矛盾。偏见最奇怪的特征之一就是，即使已经知道了更全面的信息，我们还是会坚持原本的预判。神学家告诉我们，因无知而误判不为罪，但刻意无视而坚持误判则是一种罪过。

## 当类别与证据相冲突

就本书主旨而言，我们必须要明白，类别如果与证据相冲突会怎样。大多数情况下，类别都相当顽固，抗拒改变。这是让人意外的事实。毕竟，我们之所以会归类，就是因为这种机制颇有成效。为什么要为了一个细微的新证据改变已有类别呢？既然我们已经习惯了下意识地归类模式，也对此满意，为什么又要想方设法寻找另一种模式的优点？这样只会打乱原本就已经令人满意的习惯。

如果新证据可以强化我们此前的信念，那我们就会有选择性地将其纳入既有分类。假使得知某个苏格兰人确实很小气，那我们就会暗暗得意，因为这验证了我们的预判。"我早就说过。"这句话说出来就让人高兴。然而，一旦发现证据与此前的想法不符，我们就很有可能心存抗拒。

面对相互矛盾的证据，我们通常会启动某种心理机制坚持此前的看法，即允许例外存在。"是有好的黑人，可是……"或者"我有几个好朋友就是犹太人，但是……"这是一种让人放下戒备的方法，排除了一些正面案例后，负面的评价就适用于所有其他案例。简而言之，人们很难接受反例，更懒于以此调整自己的分类，而是敷衍地承认它存在，继而予以排除。

我们就称这种心理机制为"二度藩篱"。若一个人心理上拒绝接受某一事实，就会将之当作例外，但心门会匆匆关上，不会冒险任由其敞开着。

人们只在两种情况下不会启动"二度藩篱"机制来捍卫既有分类。第一种情况比较少见，即**习惯性的开放心态**。有些人似乎终其一生都很少用既定的框架看待事物。他们质疑所有标签、类别和笼统的说法，习惯性地坚持去了解每个宽泛的分类背后是否有证据支撑。这些人深知人类本性的复杂多样，所以对种族分类非常谨慎。就算他们抱有某种看法，一般也相当不确定，一旦有反例出现，就会修订自己业已形成的种族概念。

第二种情况就是出于纯粹的**自我利益**而修正既有概念。人们或许从某种惨痛的经验中发现自己的既有分类是错误的，不得不予以纠正。举例来说，一个人可能不知道食用菇的正确类别，结果误食毒菇而中毒。此后，他就会修正自己的分类，避免重蹈覆辙。还有，另一个人或许认为意大利人都野蛮无知，喜欢大声喧哗，结果后来却意外爱上了一个意大利的大家闺秀。于是，他发现，为了自己未来的幸福着想，他最好先修正先前的分类，建立更正确的假设，即世界上的意大利人形形色色，并据此调整自己的行为。

然而，人通常总是有很多理由坚持自己的预设立场，毕竟这样毫不费力。更重要的是，亲朋或者同事往往会认同并支持我们的预判。若是发现自己的分类与邻居的相似，我们就会感到宽慰，毕竟我们的自我感觉也有赖于旁人的善意。只要自己所确信的已经能满足自己和周边人的需要，就没必要一直重新检视，构成生活之基础的信念尤其如此。

## 以个人价值为类别

建立框架对于健康的心智生活非常重要，但框架的存在不可避免会导致预判的出现，进而可能会产生偏见。

一个人形成的最重要的分类就是个人价值观。这是人们生活的意义和价值所在。我们很少反思或评估自己的价值观，只是去感受、肯定和捍卫它。个人价值观相当重要，证据和理性通常都必须服膺于它。假使在某个尘土飞扬的地区，一个农民听到游客抱怨沙尘漫天，那他为了反击，为了捍卫这片自己深爱的土地，就会说："我跟你说，我就喜欢尘土，这能净化空气。"其实农民的辩驳并无逻辑，但却捍卫了自己的价值观。

作为自身生活方式的拥护者，我们不由自主就会像党派人士一样。人的推理方式只有一小部分属于心理学家所谓"导向性思考"，即完全通过外部证据决定，着重客观问题解决的思考模式。一旦涉及感受、情绪和价值观，我们就会进入"自由思考""期望思考"或"空想"的模式。这种终于个人价值观的思考方式完全是自发的,因为人生在世的目的就在于追寻价值观,过协调一致的生活。想要做到这一点,就必须仰赖汲取于个人价值观的预判。

## 个人价值观与偏见

显然,对个人生活方式的肯定,本身就会带我们走到偏见的边缘。哲学家斯宾诺莎提出了"爱之偏见",将之定义为"对某人的感觉,出于喜爱而有失偏颇"。坠入爱河的人会对所爱之人的优点过度归类,认为对方的一举一动都完美无瑕。同样,教堂、俱乐部、国家的忠实支持者可能也会如此,"出于喜爱而有失偏颇"。

与"爱之偏见"相对的是"恨之偏见"(也就是斯宾诺莎所说"出于憎恶而给予对方过低的评价")。我们有充分理由相信,相较于"恨之偏见","爱之偏见"对人类生活有更为基础的作用。一个人必须首先高估其所钟爱的事物,此后才会轻视与其相对的事物。我们修建藩篱,主要就是为了保护自己珍爱的一切。

**正向依恋**对生活至关重要。婴幼儿如果没有对照护者产生依赖关系就无法生存。他必须先热爱并认同某个人或某件事,之后才能学到恨。在能够定义会对自己产生威胁的"外群体"之前，他必须先找到家人圈和朋友圈。

对于"爱之偏见"，我们为什么甚少讨论？原因之一在于"爱之偏见"很少带来社会问题。没有人会反对我过分偏袒自己的孩子——除非偶尔孩子对邻居家孩子产生了敌意。一个人捍卫自己的分类价值观时，很可能牺牲其他人的利益或安全感。如此，我们看到的是这个人的"恨之偏见"，却没有意识到"恨之偏见"正源于其对立面"爱之偏见"。

"恨之偏见"其实反映了一个人自身的价值体系。我们重视自己的生存模式，并相应忽视（或主动贬低）会威胁到自己生存模式的事物。西格蒙德·弗洛伊德曾说："从人们对待不得不有所接触的陌生人时表现出的不加掩饰的厌恶和反感，我们就能看到自爱和自恋。"

这种现象在战争时期尤为明显。敌人对我们所有的或者说近乎所有的正向价值观带来威胁时，我们就会加强抵御，格外放大自我立场的优点，认为自己完全正确——这也是一种过度归类。（如果不是抱持着这种信念，我们就无法集中所有精力抵抗。）可如果我们百分之百正确，那么敌人肯定是百分之百错误，既然如此，我们就应该毫不犹豫地消灭敌人。然而，即使以战争为例，也是基本的"爱之偏见"更为重要，"恨之偏见"不过是其衍生品。

尽管可能会存在所谓"正义战争"，即对某一方价值观的威胁切实存在，且必须予以反抗，但战争总会使某种程度的偏见成为必要。敌国带来的严重威胁会让人认为敌国是十恶不赦的恶魔，因此敌国的每一个公民都是一种威胁。在这种情况下，平衡和区别对待就无从谈起。

# 第三章　内群体的形成

**"亲不敬，熟生蔑"** 这句谚语其实不一定正确。尽管我们有时候会对一成不变的生活和日日所见的面孔感到厌倦，但恰恰是自己熟稔的一切在支撑着我们生活的价值。更重要的是，**熟悉的东西往往会变得珍贵**。

从心理层面而言，熟悉的事物是人活于世不可或缺的根基。既然存在是美好的，那么相伴相生的根基就也是美好且令人向往的。孩子甫一降生就被赋予了父母、邻居、所居之地和国家——宗教、种族和社会传统也是一样。于这个孩子而言，自身附带的所有关联都是天经地义。既然他是周遭的一部分，那周遭也是他的一部分，所以一切都是美好的。

早在五岁，孩子就已经能够理解自己隶属于不同的群体，比如有了种族认同感。不过，可能直到九岁、十岁，孩子才能明白自己身上不同的身份意味着什么——像是犹太人和非犹太人的不同、不同公会教徒之间的差异等等，但在理解这一切之前，他就已经对自己所属的群体产生了强烈的忠诚感。

一些心理学家认为，孩子会因为自己身为某个特定群体的一员而得到"奖励",正是这种奖励催生了孩子对所属群体的忠诚感。孩子从家人那里得到哺育和关爱,从邻居和同胞送来的礼物和关怀中感受到快乐,所以他才学会了去爱这些人,所以他对群体的忠诚就建立在奖励的基础上。当然,这种解释的充分性仍有待商榷。黑人儿童很少会因为自己的黑人身份受到奖励,甚至通常恰恰相反。然而,在黑人孩子成长的过程中也会有对自己种族的忠诚感。一个印第安纳州的人,只要想到家乡,心中就会涌动着暖流——这并不一定是他在家乡度过了快乐的童年时光,而仅仅是因为他来自那里。从某种程度上说,那里依然是他存在之根基的一部分。

诚然,奖励会在这个过程中起到促进作用。若是孩子在家庭聚会中度过了快乐的时光,那可能会因为这段经历而更加依恋自己的家庭。但通常而言,孩子天生就会依恋自己的家庭,因为这本就是他生活中不可割舍的一部分。

如此,快乐(即"奖励")并不是我们保持忠诚的唯一原因。很少有人会因为某个群体为自己带来的快乐才继续留在这个群体中——热衷于找乐子的群体除外。而且对群体的忠诚感一旦形成,再想要脱离就必须经历至少一次重大的不愉快经历,或者经历一段漫长、痛苦的时期才行。有时候,哪怕再严苛的惩罚都无法让我们背弃对群体的忠诚。

这种"根基"原则对于人类的学习而言非常重要。我们无需假定"群体本能"来解释为何人喜欢与其他人在一起：大家只是自然地融入、交织在彼此的存在之中。既然大家都认同自己的存在是美好的，就会认同社会生活的美好。我们也不需要假定"同类意识"来解释人们为什么要维护自己的家庭、氏族和种族。毕竟没有这些，自我也将不复存在。

很少有人会希望成为另一个人，就算他觉得自己有再多缺陷，生活得再痛苦，他也不会想和其他"幸运儿"交换。虽然这个人会抱怨自己的不幸，会想要提升自身境遇，但他要改变的是他的**境遇**，而不是他的**个性**。这种对自我存在的执着是人类生活的基础。我或许会说我嫉妒你，但我不可能想被你取代，我只是希望能拥有你的某些特质或者财物。随着一个人所珍爱的自我而来的，是这个人基本的成员身份。由于一个人无法改变自己的家族血统、传统、国籍或母语，他就会欣然接受。一个人的口音不仅反映在他的言语之中，也深深刻在他心里。

奇怪的是，人们并不需要直接了解自己所属的每一个内群体。当然，他通常认识自己的直系亲属。（但孤儿往往也会强烈依恋未曾谋面的父母。）诸如俱乐部、学校、邻居等群体，人们通常是通过成员间的接触而了解。至于其他群体，人们大部分只能通过符号或者传闻来接触。没有人会与种族中的每一个人都有接触，或熟识每一位所属教会的或有共同信仰的教友。年幼的孩子听说自己的祖先作为船长、探险家或贵族时的丰功伟绩可能会深深着迷，并因由此而设立的传统，对自己产生认同感。孩子听到的内容与日常经历一样，为他的生命提供了真实的根基。透过符号，人们会习得家族传统、爱国主义情怀和种族优越感。因此，即便内群体只是口头上的定义，仍旧会产生紧密而稳固的联系。

## 什么是内群体

在静态社会，要预测某一个体会形成怎样的忠诚很容易——对地区的、氏族的还有社会阶层的。在这种稳固的社会中，亲属关系、社会地位，甚至所居地区，都可能受到严格控制。

中国古代曾有一段时期，人们的居所依照其社会地位来安排。从一个人居住的地方就可以判断这个人所属的所有成员关系。最里面的一圈是"宫城"，只供朝廷官员居住。由此往外一圈居住的是权贵。再往外一圈是防御区，也就是"和平地带"，居住的是文人和其他望族。之后再往外一圈是禁区，划分为外国人的居住区和流放犯居住区。最外围的地方是蛮夷之地，只有野蛮人和被放逐的重犯在此居住。

在现代这种流动性更高、技术更进步的社会，就不存在这种僵化的规定。

不过有一条规则能帮助我们做出预判，它放之四海而皆准：**在每一个社会中，孩子都被认为是父母所属群体的成员。**他拥有父母所属的种族、血统、家庭传统、宗教、社会阶层和职业地位。不可否认，孩子长大后或许会摆脱某些成员身份，但不可能脱离全部。一般而言，人们会期望孩子能承袭父母的忠诚与偏见。如果父母因其群体成员身份而受到偏见，那么孩子自然而然也会遭受偏见。

我们很难精确定义内群体。或许，最好的描述就是，内群体的成员在使用"我们"一词时，这个词所表达的含义是等同的。家庭成员如此，同学、教友、工会、俱乐部、城市、国家的成员也都是如此。笼统而言，国际机构成员也符合这一定义。有些"我们"是暂时性的（如一次晚宴），有些则是永久性的（如家庭或氏族）。

以山姆为例，他是一个中年人，社交活动一般，其所属内群体如下：

· 父系亲属

· 母系亲属

· 原生家庭（生长的家庭）

· 再生家庭（妻子和儿女）

- 儿时玩伴（现在已记忆模糊）

- 中小学（只剩回忆）

- 高中（只剩回忆）

- 大学（偶尔重访）

- 大学同学（偶尔聚会以巩固情谊）

- 所属教会成员（20 岁时加入）

- 专业领域（组织严谨，关系紧密）

- 公司（主要是山姆工作的部门）

- "朋友圈"（经常一起娱乐休息的四对夫妻）

- 一战步兵连幸存者（记忆日渐模糊）

- 出生地（归属感薄弱）

- 目前居住地（积极的公民精神）

- 新英格兰（地区忠诚）

- 美国（爱国主义情怀一般）

- 联合国（对此有坚定的信念，但心理上联系较松散，因为此处的"我们"相对并不清晰）

- 苏格兰－爱尔兰血统（对血统相同的人略感亲近）

- 共和党（只在初选时随便投了一票，几乎没有更多归属感）

清单或许并不完整，但我们由此已经能清晰地看出他生活中的成员根基。

在这份清单中，山姆提到了"儿时玩伴"这个圈子。

他回忆说，这个内群体身份对他来说一度极度重要。10岁时，他搬到了新的小区居住，周围没有任何年龄相仿的同伴可以一起玩耍，但他同时非常渴望陪伴。其他男孩会接纳山姆吗？山姆的个性与这帮孩子的个性契合吗？这群孩子有个不成文的惯例，对于新来的家伙总是会一言不合就拳脚相向。这种仪式是一种快速且可接受的考验——在男孩子的群体中很常见，用来考核"新人"的性格和志气。山姆很幸运，通过了一系列考验，因此也被这个他心仪已久的内群体接纳。或许他应该庆幸自己的种族、宗教信仰或社会地位等成员身份没有造成其他的阻碍，否则考验期就会更长，测试也会更苛刻，甚至这群男孩子可能永远都不会接纳他。

可见，某些内群体的成员身份必须靠争取。当然，也有很多内群体的成员身份是因出身或家庭传统而自动赋予的。用现代社会科学的术语来说，前者就是**自致地位**，后者就是**先赋地位**。

## 以性别为基础的内群体

上文中山姆没有特意提到自己的男性成员身份（先赋地位）。或许，这个身份对他来说一度非常重要——甚至一生都很重要。

性别的内群体是值得深究的主题。两岁的孩子通常无法辨别同伴的性别：对幼儿期来说男女是一样的。就算到了小学一年级，儿童对性别群体的意识依旧相对较薄弱。如果被问到想和谁一起做游戏，平均而言，一年级的小朋友中，大概有25%会选择异性。然而等到了四年级，选择异性的情况就基本消失了：只有2%的儿童会想跟异性玩耍。等到了八年级，男孩子和女孩子之间的友谊又会重现，但即便如此，只有8%的儿童会选择异性玩伴。

对有些人而言——包括厌女人士，性别群体终其一生都是最重要的分类依据。那些人认为，女性是与男性完全不同的物种，言下之意就是女性相对低等。这些人会夸大男性和女性在第一性征和第二性征上的差异，甚至会膨胀到想象出根本不存在的区别，将对女性的歧视合理化。对于世界上一半的人类（也就是同性），男性或许会感受到一种内群体的凝聚力，但对于另一半人类，男性就会感到自己与其水火不容。

叔本华曾写道："女性自始至终都是大一点儿的孩子而已。女性的根本缺陷之一就是没有正义感。"他坚持认为，女性没有足够的推理和思考能力。这种反女权主义反映出的是偏见的两个基本要素：贬低和过度归类。这位颇有智慧的人既没有考虑到女性之间的个体差异，也没有查证过其言之凿凿的特质是否真的更常见于女性，而非男性。

反女权主义带给人们的启示是，这暗示了人们对自身性别群体身份的安全感和满足感。在叔本华看来，男性和女性之间的鸿沟相当于被接受的内群体和被拒绝的外群体之间的鸿沟。但对很多人而言，所谓"两性之战"完全是子虚乌有，因为其中并不存在必须滋生偏见的土壤。

## 内群体的易变性

每个人都有自己心目中最重要的内群体，然而，时代不可避免会对他施以影响。过去一个世纪中，国家和种族成员资格的重要性逐渐提升，而家庭和宗教身份则日渐式微（但它们的影响至今仍不可小觑）。女性如今已经承担起一度专属于男性的角色，让叔本华的反女性主义论调显得那么陈旧迂腐。

从美国人对移民的态度转变，我们可以看到"国家"这一内群体概念的变迁。如今土生土长的美国人很少会对移民抱有理想主义的态度，不再觉得为受压迫的人们提供家园是自己的责任和荣幸。

1918—1924 年间，反移民法得以通过。二战之后，更多的人流离失所，背井离乡，他们哭喊着想要入境美国，但那种挥之不去的愁绪即使再强烈，也并不足以让美国人对难民敞开怀抱。无论从经济学还是从人道主义角度看，放宽移民限制的理由都非常充分。保守主义者害怕激进思想的渗入、新教徒担忧自身本就岌岌可危的主流地位更加不保、反犹分子拒绝更多的犹太人，还有劳工组织苦恼的是工作岗位不足，新移民恐怕会抢走本地人的饭碗，进而威胁当地的安稳秩序。

在有据可考的 124 年中，大约有四千万名移民来到美国，有一年的移民数量甚至多达一百万。在所有这些移民中，85% 来自欧洲。一代人以前，反对的声音鲜有耳闻。然而时至今日，几乎所有的移民申请都被拒绝，社会上愿意为"流离失所人士"发声的人也所剩无几。时代变迁，内群体的边界愈发收紧：外来人士被认为是可疑的，理应拒之千里。

在特定的文化中，不仅内群体的重要性和定义会随着时间的推移而变化，个体也是一样，很可能在某段时期认同这个群体，在另一个时期又认同那个群体。

南卡罗来纳州民主党大会上的一项决议对我们很有启发。对当时的参会人员而言，民主党是非常重要的内群体。但党派的定义（如其在国家平台上所述）却让他们无法接受。为了让每个成员都满意，"民主党"这个类别被重新定义为"包含所有支持地方自治，且反对强集中、家长式政府的人。此外，观念或领导方针受国外势力、纳粹主义、法西斯主义、极权主义或公平就业委员会所影响的人都应予排除"。

为了满足个体的需要，内群体经常会被重新定义。如果需求极为强烈，那么对内群体的重新定义，或许基本就意味着对外群体的憎恨。

## 内群体和参照群体

我们此前这样概略地定义了内群体：在使用"我们"一词时，其所表达的含义是等同的。但读者们或许已经发现，个体对各自在内群体中的成员身份各有不一样的看法。第一代意大利裔美国人会认为，相较于自己的下一代，意大利背景和文化对他们来说更重要。青少年可能会觉得街头死党比学校中的内群体更重要。不过，在某些情况下，即便无法脱离某个群体，个体仍可能会主动排斥。

为了解释上述情况，现代社会科学引入了"参照群体"的概念。参照群体就是"个体认为自己所属的群体，或在心理上希望与之相关联的群体"。

通常而言，内群体也是参照群体，不过也有例外。举例而言，一位亚美尼亚裔的牧师在新英格兰的一个小镇履行神职。镇上的居民理所当然地就将他归为亚美尼亚人。然而，尽管很少刻意抗拒自己的出身，他本人也很少会想到自己的背景。他的参照群体（即生活重心所在）就是他的教会、他的家庭以及他所生活的社区。可惜，镇上的居民仍然坚持把他当作亚美尼亚人看待，甚至比他自己更看重他所属的种族内群体。

亚美尼亚裔牧师在社区中处于**边缘**地位，很难与自己的参照群体产生关联，因为来自社区的压力迫使他们与自己内心认为并不太重要的内群体捆绑在一起。

从很大程度上看，所有少数群体都处于同样的边缘地位，由此引发的不安全感、冲突和烦躁恼怒等阴魂不散。每个少数群体都会发现，自己身处一个更大的社会中，其中的诸多习惯、价值和规则都业已确定。因此，在语言、行为举止、道德和法律方面，少数群体的成员们不得不在某种程度上遵从占主导地位的多数群体。他或许一边完全忠于自己所属的少数内群体，但同时也总要适应主流群体的标准和期望。沿着这条逻辑线往下想，就会明白为什么所有少数群体或多或少都处在社会的边缘位置，又为什么他们总会忧虑不安，心存怨怼。

## 社会距离

关于"社会距离"的研究有助于厘清内群体和参照群体之间的差异。研究中，受试者要在 E. S. 博加德斯提出的量表上表明自己对不同种族和国家群体的接纳程度：

1. 成为姻亲

2. 参加同一个俱乐部的好朋友

3. 住在同一条街上的邻居

4. 成为同一职业的从业者

5. 作为同一国家的国民

6. 是外国游客

7. 应予驱逐出境

这一研究最令人惊讶的发现在于，无论经济地位、社会信仰、受教育程度、职业情况，甚至所属族群如何，偏好的模式在全国普遍相似。大多数人，无论其状况如何，都更愿意接纳英国人和加拿大人作为美国国民、邻居、社会地位平等的伙伴或亲属。对于美国人而言，这些种族与之社会距离最小。可印度人、土耳其人和黑人就与美国人的社会距离最大。这种排序或许略有差异，但大致上保持稳定。

虽然受偏见群体的成员倾向于把自己所属群体排在接受程度较高的位置，但对其他群体的排序也和大多数人一样。例如，在一项以犹太儿童为受试者的研究中，我们发现，社会距离的标准模式依然存在，只是犹太儿童把犹太人列为高度可接受的对象而已。

上述研究让我们不得不归纳出这一结论：少数种族群体的成员倾向于形成跟主流种族群体一样的态度。换言之，主流群体是少数群体的**参照群体**，对少数群体形成了强大的影响力，迫使后者遵从。然而，这种遵从很少会引起少数群体对其内群体的否定。综上所述，内群体和参照群体在态度的塑造过程中都起到了重要作用。

## 偏见的群体规范理论

现在，我们要理解和探讨的是关于偏见的一个重要理论。这一理论认为，所有群体（无论是内群体还是参照群体）都会形成特定的规范和信念、标准和"敌人"，以此满足自身适应性的需求。此外，这一理论还认为，群体面对的或大或小的压力能让所有个体成员保持一致。内群体的偏好一定是个体的偏好，内群体的敌人也一定是个体的敌人。

通过影响个人来改变态度通常都是无用功。假设孩子在学校学习到了多元文化课，但这堂课所学的内容，很可能因为家庭、伙伴或邻居等更容易接受的规范而被抵消。例如白人后裔的学校里，尽管老师再三强调，所有人种都是平等的，只要孩子的父母还日复一日地在孩子耳边唠叨"黑人是下等的家伙"，孩子就很难因为老师一时的教授而产生改变。要改变孩子的态度，就要改变上述对孩子来说更重要的群体的文化平衡。在孩子作为个体能够真正践行包容的态度之前，他的家庭、伙伴和邻居必须首先认同这种包容的态度。

请读者自问，你自己的社会态度，是否实际上与自己的家人、社会阶层、职业群体或教会中的人保持高度一致？或许答案是肯定的，但更有可能的是，读者会回答说，在各个参照群体中，主流的偏见相互矛盾，他无法"认同"每一种，也做不到这样。他或许还会认为自己的偏见模式是独特的，与其作为成员而所属的每个群体都不同。

其实，任何群体规范系统中，成员只能实现大致遵从。成员的态度或许会稍有偏离，但不会偏差太大。

我们所表现的这种遵从是个体习得、个体需要和个体生活方式的产物。

谈到态度形成的问题时，我们很难在"集体取向"和"个人取向"之间取得适当平衡。本书所持的立场是，偏见归根结底是个性形成和发展的问题，不会存在两种毫无差别的偏见。任何人都不可能完全忠实反映群体的态度，除非个体需要或个人习惯促使他这样做。同样，本书也认同，偏见常见的来源之一就是反映内群体成员身份对个体性格形成影响力的需求和习惯。我们在抱有理论中个人主义观点的同时，并不否认集体对个人的重大影响。

## 内群体可以脱离外群体而存在吗？

严格来讲，内群体的存在必然暗示着某些对应的外群体的存在。不过，这个逻辑本身对我们而言没有太大意义。我们需要知道的是，忠于内群体的人是否天然会对外群体不忠实，会对它抱有敌意或有其他形式的负面态度。

法国生物学家费利克斯·勒·唐泰克坚持认为，从家庭到国家，每个社会单元之所以能够存在，就是因为拥有"共同的敌人"。著名的马基雅维利式的手段也与之类似，即创造共同的敌人以促进内群体的凝聚力。苏珊·艾萨克斯则研究了幼儿园孩子看到陌生人到来时的反应。她写道："外人的出现首先是群体抱团、提升凝聚力的基本条件。"

不可否认，如果存在具有威胁的共同敌人，那么内群体成员的向心意识会得到提升。家庭成员（如果这个家还没有分崩离析）面对困境时会更有凝聚力。国家也是一样，战争时期，大家会拧成一股绳。但心理层面上看，人最渴望的其实是安全感，而不是敌对。

对外群体的仇视能够强化我们的归属感，但这并非必要的。

由于内群体对我们自身的生存和自尊有基础的重要

性，我们往往就会对内群体产生一种党派忠诚感和种族优越感。如果问一个七岁的孩子："这个镇上的孩子和隔壁镇上的比，或者和史密斯菲尔德（一个附近的小镇）的比，谁最棒？"孩子们基本上都会这样回答："当然是我们镇上的。"如果进一步追问为什么，孩子们通常会说："我又不认识史密斯菲尔德镇的孩子们。"这个例子明显说明了内群体和外群体的主要差别：熟悉的即会**被偏爱**。我们或多或少会觉得陌生的东西比较差，没那么"好"，但也没必要由此产生敌意。

因此，人们因内群体成员身份不可避免一定会对内群体有一定程度的偏爱，但对待外群体时，这种互惠的态度或许就会有很大差异。一个极端是，外群体会被当作共同的敌人，以求保护内群体，强化内在的忠诚度；另一个极端是，外群体会得到理解和包容，甚至会因为其多样性而受到欢迎。

## 人类是否可以构成一个内群体？

从某种程度上说，"世界忠诚"是极难实现的。因为"人类"这个包罗万象的大群体，似乎很难形成一个内群体，哪怕是"世界大同"的忠诚拥护者也做不到。假设有位外交官正在和其他国家的代表们一起开会。这些人的语言、礼节和意识形态都各不相同。就算这位外交官对"世界大同"抱有热忱的信念，当时仍逃脱不了某种陌生感。他的礼仪得体和公正道义都是依照自己的文化来的，其他语言和习俗不可避免会看起来有些奇怪，就算不说是次等的，也稍显荒谬和多余。

假设这位外交官思想开明，能看到自己国家的诸多不足之处，也真诚希望各种文化的优点汇聚一堂，共建一个理想的社会。但即便是这样极端的理想主义，他也只会做出十分微小的让步。他会发现自己会真心实意地捍卫本国的语言、宗教、意识形态、法律和礼节，毕竟，祖国的生活方式就是他的生活方式——他无法轻易背弃整个生命的根基。

我们都会不由自主地偏爱自己熟悉的事物。当然，一个游历甚广的人，或者具有国际视野的人，会对其他国家的人更为友善。他明白，文化上的差异并不一定意味着民族的劣等。但如果一个人既没有想象力，又见识浅薄，他就需要借助人为的支持。他们需要符号让人类内群体显得更真切，但符号现在已经很少见了。国家会有国旗、公园、学校、国会大厦、货币、报纸、假期、军队和历史档案等等，但从国际化的角度看，这些世界大同的符号才正处于发展中，且人们关注得不多。人类亟需这类符号，因为它们能提供心理锚点，由此"世界忠诚"才有可能发展出来。

　　实际上，种族本身已经成为很多人心中最重要的内群体。现在来看，"种族观念"和"世界大同"这两种观念（即最外围的两个内群体）之间的冲突，或许会演变成人类历史上最具有决定意义的问题。关键在于，种族战争爆发之前，对全人类的忠诚是否可以建立起来。

　　理论上看，这是可行的。如果我们能及时学会如何去做，有一条心理原则或许能发挥作用。这条原则认为，**同心圆一样的忠诚不会必然造成冲突**。投入更大的圈子，并不意味着要毁掉对小圈子的依恋。**相互冲突的忠诚几乎不可避免地都是包含了同样的范围**。重婚者建立了两个姻亲家庭，这会给他自己和社会带来极大困扰。叛徒效忠于两个国家（一个是名义上的，一个是实际行动上的），除了会让自己心思陷入混乱，从社会角度看也是犯下了重罪。很少有人会承认自己有两所同学段的母校、两种宗教信仰或属于两个兄弟会。反之，世界联邦主义者可以同时是热爱家庭的人、热心的校友和忠心的爱国者。

　　研究人员发现，有些十二三岁的孩子具有高度的"互惠意识"，也就是说，就算更偏好自己的生活模式，他们仍会承认所有种族都具有同样的价值和优点。这为越来越广泛的人类共同体奠定了基础，人们在忠于人类共同体的同时也不会失去自己此前的群体依恋。一个人只要习得了这种互惠态度，就能将其他国家纳入自己的效忠范围。

　　总而言之，内群体成员身份对个体的生活至关重要。我们更偏爱熟悉的事物。一旦其他人即将威胁，甚至只是质疑我们的习惯，我们就会不由自主地有所防备。偏好内群体或偏好参照群体的态度，不一定意味着对其他群体的敌意——哪怕敌意通常有助于增强内群体的凝聚力。较小的忠诚圈可以在不发生冲突的情况下扩展为更大的忠诚圈。这种理想的状态或许并不能够总是成为现实，但从心理学角度看，这是有希望达成的。

# 第四章　对外群体的排斥

我们已经看到，对内群体的忠诚并不一定会引起对外群体的敌意。

不过，很多人的确是通过"藩篱"的另外一侧来定义自己的忠诚。他们总在思虑外群体，担心他们，时常感到压力，因此排斥外群体是必然之举。于他们而言，种族中心主义也很有必要。

人们对外群体的显著态度会有不同程度的表达。我们在第一章中提出了五种不同程度的排斥行为。

现在，我们将其简化为三种：

1. 言语排斥（仇恨言论）

2. 歧视（包括种族隔离）

3. 身体攻击（包括各种程度的暴力）

与此前的列表相比，我们删掉了"回避"和"退缩"，因为这两种偏见的表达对受害者的伤害程度最小。我们也整合了"偶尔的人身威胁和攻击"和"有组织的暴力和种族灭绝"，因为大多数人只会口头表达自己的不满，仅此而已。然而，有些人的敌意会达到刻意歧视，甚至会上升到破坏、暴乱和私刑的地步。

## 言语排斥

敌意很容易从言语间流露。

两名优雅的中年女士正在谈论鲜切花的高昂价格。其中一个提到了某个犹太人婚礼上奢华的花艺布置，还强调说："我很怀疑他们怎么能买得起，肯定是在报税的时候动了手脚。"另一个马上附和道："没错，肯定是这样。"

以上日常的闲聊体现了三个重要的心理现象。（1）第一名说话者自发提到了犹太人，这并不是谈话的主题引起的。她的偏见非常明显，所以才会在闲聊时脱口而出。她对这个外群体的厌恶已经积攒已久，需要释放。或许，说出心里话能让她舒服一些。（2）对话的内容本身是次要的，主要目的是维护两位女士之间的友好关系。她们要做的是维持友谊，为此，两个人会对每个话题都尽量保持意见一致。共同贬低一个外群体有助于凝聚这个两个人组成的内群体。我们已经说过，尽管对外群体的敌意并不是提升内群体凝聚力的必要条件，但确实有强化作用。（3）两名女士都反映了其所属社会阶层的态度，并表现了某种社会阶层的团结。她们仿佛是在彼此劝勉，要维护中上层非犹太人的形象，坚持自己所属阶层的观点和作风。无需赘述，她们两人都没有注意到这些心理学功能。此外，两名女士都不是极端的反犹太主义人士，她们各自都有一些犹太朋友，都反对歧视和暴力。两人表现出来的偏见是最低水平的（仇恨言论），但即便如此，这仍透露出偏见这一问题具有复杂性。

玩笑或嘲讽式的仇恨言论通常隐含着温和的敌意。有些相当轻微，甚至可以揉进轻松的幽默言语中。可即便这些玩笑看似无伤大雅，但有时候或许是掩盖了真正的敌意，贬低外群体、吹捧内群体的同时让人毫不设防。

辱骂则带有更强烈的敌意，像是"犹太佬""黑鬼""意大利佬"这种蔑称，通常源自长久存在的深刻敌意。然而，这里有两个显著的意外情况。第一种是孩子们经常是无心地使用这些无礼的称呼，因为他们模糊地感觉到这种说法有某种"力量"，虽然并不明白其中真正的含义。第二种，与"上流"阶层相比，"低级"阶层的人在使用这些称呼时，其中并没有包含太多的贬义。因为"上流"阶层人士词汇量更大，语言也足够丰富以避开使用这些词——只要他们愿意。

我们此前已经提过，仇恨言论越是不经意地出现，越是与主题无关，其中潜藏的敌意就越强烈。

一名到缅因州某个村庄的游客跟理发师聊到了当地的畜牧业。为了更了解这种养殖行当，游客问农民一般会把鸡养多久。只见理发师拿着剪刀恶狠狠地比了个手势，回答说："养到犹太人把鸡拿走的时候。"

理发师的情绪突然爆发，这与当时聊的主题毫无关联，且他的情绪非常激烈。唯一合理的关联是，有些犹太商人会在附近收购家禽，之后拿到市场上卖掉。如果不愿意，农民其实不必把鸡卖给犹太商人。理发师显然答非所问。

这种与主题毫不相关的、突如其来的偏见，体现出了敌对态度的强烈与明显。在这种情形下，个体的心智活动受到对外群体敌对情绪的巨大压力，所以个体等不到合适的场合就会表达自己的敌意。这种态度非常强烈，所以哪怕是八竿子打不着的关联也会引爆它。

仇恨言论达到非常激烈的程度后，就很有可能演变为公开的、主动的歧视，甚至是会演变为暴力行为。某参议员在国会上对一项学校午餐补贴的联邦法案表示反对。他激动地大吼："宁可饿死，我们也不想放下身段，让白人和黑人一起上学。"不难想见，这样强烈的仇视言论背后肯定有歧视的行为做支撑。

## 歧视

我们通常会跟与自己志趣不相投的人划清界限。**只有我们拒绝个体或群体希求的平等对待时，这才是歧视。**当我们逐步将外群体成员从社区、学校、某种职业或国家中排除出去时，歧视就出现了。限制条款、抵制、邻里压力、某些国家的隔离法案以及"君子协定"等都是歧视的表现方式。

在此，我们必须对"歧视"的定义进行进一步阐释。如果罪犯、精神病患和道德败坏的人期望获得"平等待遇"，我们很可能会拒绝，觉得名正言顺。基于个体特质而进行的差别对待，或许不应该被算作是歧视。在此，我们只讨论基于种族分类而进行的差别对待。这种差别对待有害而无益，没有考虑到个体的独特性。

联合国列出了在世界各地施行的官方歧视行为：

·法律面前的不平等（普遍剥夺特定群体的权利）

·人身安全的不平等（基于群体成员身份而进行的干涉、逮捕或贬低）

·活动自由或居住自由的不平等（犹太聚集区、旅行禁止、区域禁入、宵禁令）

·思想、意识形态、宗教自由方面所受保护的不平等

·自由交流权利方面的不平等

·和平结社权利方面的不平等

·对非婚生子女的不平等对待

·对结婚和组建家庭权利方面的不平等

·就业自由方面的不平等

·在所有权监管和处理方面的不平等

· 著作权保护方面的不平等

· 受教育机会和能力、天赋发展方面的不平等

· 文化红利共享方面的不平等

· 享受服务方面的不平等（健康照护、娱乐设施、住房等）

· 取得国际权利方面的限制

· 参与政治事务方面的限制

· 获得公职权利方面的限制

· 强迫劳动、奴役、特殊赋税、区别标志强制穿戴、禁奢法令，以及针对群体的公开诽谤

除了上述公开的官方侮辱行为，个人私下做出的歧视行为更是难计其数。就业、晋升或贷款申请的过程中，都可能充满歧视。剥夺居住机会或平等使用住房设施的权利也很普遍，同样，在酒店、咖啡厅、餐厅、剧院或其他娱乐场所也有类似情况出现。在新闻媒体方面，对不同群体的区别对待也时有发生。拒绝提供平等受教育机会或拒绝外群体成员加入教会、俱乐部或社会组织的现象也比比皆是。这些例子不胜枚举。

**种族隔离**也是一种歧视行为。这种行为是在空间上设置某种界限，加剧外群体成员的不利地位。

有个黑人女孩申请了在华盛顿联邦政府办公室的职位，但在应聘的每个步骤，她都遭遇了某种歧视：有个职

员说这个职位已经找到了合适的人选，另一个又说她在都是白人的办公室里工作肯定不会开心。但在不懈坚持下，她终于"搞定"了这份工作。然而等她真正进入办公室时，主管就让她坐在办公室的角落，还在她办公桌周围摆满了杂物。她克服了种种针对自己的歧视，却一头撞进了种族隔离中。

　　歧视会导致各种难以理解的行为。如果出去旅行，我会愿意坐在犹太人身边；如果我是个北方人，也会愿意坐在黑人旁边。但是，我不会跟犹太人或者黑人当邻居，这是一条边界。如果是在工作中，我可能会雇用犹太人，但不会雇用黑人；可如果在家里，我可能会让黑人帮厨，而不是犹太人。不过，我可能会邀请犹太人来家中做客，却不会邀请黑人。在学校，我或许会对所有群体都非常友好，但却不会让某些群体的成员参加学校舞会。

　　尽管世界上有各种各样的歧视，但仇恨言论更为普遍。有个例子可以说明人们总是雷声大（仇恨言语）雨点小（实际的歧视行为）。一个常见的情况是，由于其他雇员的强烈反对，很多雇主不敢雇用黑人或其他少数种族的成员到自己的工厂、商店或办公室工作。可是，或许是出于法律需要（例如《公平就业法》），一旦雇主真正雇用了这些人，反对的声音就会消失。人们一次又一次预言，禁止歧视会带来严重后果——或许是罢工或者暴乱。可严重后果很少出现。实际上，言语上的抗议比实际的歧视行为更常见。

当明显的冲突出现，一边是法律和良知，一边是习俗和偏见，那么歧视就会主要以隐秘的、间接的形式出现，而非在面对面的情境中，避免由此造成的尴尬。

## 引发身体攻击的条件

暴力肯定是从相对温和的态度演变而来。虽然大多数"雷声"（仇恨言论）不会演变为实际的"雨点"，但所有身体攻击出现之前，必然会有仇恨言论。

在特定环境下，从言语攻击到暴力、从谣言到动乱、从闲聊到大屠杀，都会经历循序渐进的过程。

我们可以确定，暴力事件发生前会经历以下几个阶段：

（1）类别化预判长期存在。对受害者群体形成了刻板印象。人们逐渐失去看到外群体成员个体差异的能力。

（2）对受害的少数种族群体长期言语抱怨。怀疑和指责的习惯根深蒂固。

（3）歧视日益升级。

（4）内群体成员感受到外部环境带来的压力。他们或许长久以来经济贫困、社会地位低下，或是对政治局势发展不满，或是对失业担忧等。

（5）人们逐渐受够了这种压抑，情绪积累到一触即发的阶段。他们已经不觉得自己还可以或者应该忍受失业、物价上涨、羞辱和忧虑等问题。非理性主义逐渐深入人心。

（6）心怀不满的人被有组织的运动所吸引。如果没有正式组织，人们至少会加入非正式组织——暴民组织——以实现自己的目的。

（7）个体从正式或非正式的社会组织中获得了勇气和支持，认为社会认可了自己的愤懑和恼怒。他暴力的冲动由此因符合群体标准而被合理化——至少他们如此认为。

（8）诱发事件出现。此前惹人不快的小事或许会被忽略，现在却成了引发冲突的导火索。这一事件甚至可能完全是想象出来的，或者也可能会在谣传过程中不断被夸大。

（9）暴力冲突真正发生时，"社会助长"的作用就会非常重要，能让破坏活动一直持续下去。看到其他情绪激昂的人也处于疯狂的暴民状态，人们就会更为亢奋，暴力行为也会更疯狂。到这个阶段，一个人通常会愈发冲动，对自己的克制力则会下降。

以上就是从"言语攻击"上升到"公然暴力"要一一移除的几道闸门。在两个对立群体可能会密切接触的场所，如海滨浴场、公园或住宅区边界等地，上述条件最有可能出现，诱发事件也最有可能发生。

炎热的天气会助长暴力行为。暑热会让人身体不适、烦躁易怒，此外，这种天气会促使人们走出家门，于是接触和冲突的概率就增加了。实际上，灾难性的暴动似乎最常发生在天气炎热的周日下午，私刑的高峰也通常是在夏季。

言语上的敌意在上述条件下可能会导致暴力冲突，这一事实引出了有关言论自由的话题。在美国这种国家，言论自由得到了高度重视，法律权威机构一致认为，试图控制对外群体的言论或书面诽谤无异于是在限制公民的批评权利。美国秉持的原则是允许充分的言论自由，除非有人真正煽动暴力，给公共安全带来了"明确且现实的"危险，才会予以限制。但这条法律的界限很难划定。如果条件成熟，那么就算是温和的言语攻击，也可能会一路快速发展为暴力。

我们注意到，参与打架、群殴、公物破坏、暴动、私刑、大屠杀的主要是年轻人。相较于中老年人，年轻人似乎不会理解生活中总是充满挫折的，可以想见，年轻人在冲动与宣泄之间的社会习惯缓冲层也比较薄。相较而言，年轻人更容易退化到婴儿式的易怒阶段，再加上缺乏社会多年的抑制，这种宣泄能让他们感受到更强烈的快感。年轻人敏捷、精力充沛、倾向于冒险，这些都是暴力行为出现的条件。

在美国，种族冲突最严重的两种形式就是"暴动"和"私刑"。二者的主要区别在于，暴动中的受害者可以反击，但私刑的受害者则无法反抗。

## 暴动与私刑

大多数暴动都发生在社会局势剧烈变化的时候。但单独只是变化并不足以造成暴动。暴动的发生必然以业已存在的敌意和根深蒂固的被攻击群体"威胁论"为土壤。我们已经说过，暴动发生之前，必然存在长期且激烈的言语敌意。

我们已经发现，暴动者通常是社会经济地位较低的人，且相对年轻。从一方面说，这可能是因为这些阶层的原生家庭对规矩（自控力）的教导不多；从另一方面看，这或许是因为教育水平不高，才会误会生活条件恶劣的真正原因。当然，拥挤、不安全和贫困的存在确实是直接刺激因素。整体而言，暴动者通常是边缘人士。

可以想见，暴动与其他所有种族冲突的形式一样，以真实的利益冲突为基础。当一大群贫困的穷人和同样贫困的白人竞争数量有限的工作机会时，我们很容易就会发现，竞争真实存在。不安全感和恐惧会让个体暴躁易怒，但即便利益冲突如此明显，我们也会发现，只把**其他**种族的人当作威胁并不符合逻辑。一个白人，当然也可以像一个黑人一样抢走另一个白人的工作。因此，在同一地区，不同种族群体之间的利益冲突并非完全真实。人们肯定是会先形成内群体和外群体竞争的感觉，才会把这种利益争夺解读成种族之间的竞争，而非个人之间的。

由此可见，暴动的根源在于，业已存在的偏见在一系列不同环境中被强化和释放。

我们已经说过，私刑主要出现在歧视和种族隔离早已根深蒂固的地方，且私刑通常依靠恐吓实现。此外，私刑的发生还有另一个必要条件：当地执法不力。私刑无法被禁止，实施私刑的人即便身份曝光也很少被逮捕，更是几乎不会受到惩罚，这反映出警察、法院等执法机关的默许。

私刑分为两种，第一种是所谓**波旁私刑**，也就是"义警私刑"。如果一个黑人犯下了某种罪行，或者说被怀疑犯下了某种罪行，那么一群有权有势的公民就会组织起来，对这个人悄悄处以私刑。这种私刑的用意是重申黑人与白人之间的既有隔阂，提醒黑人要顺从、听话、温驯，要活在对优越白人的绝对敬畏中。长久以来，这种"礼貌的私刑"主要发生在设立已久的黑人聚集地区。

另一种是**暴徒私刑**，相对于第一种私刑，暴徒私刑通常发生在社会结构不稳定的地区，比如当地白人和黑人必须为一份工作竞争的地方。或许两个种族的人都是农民，生活同样清苦，但他们并没有团结起来共同解决问题，而是展开了激烈的竞争。暴徒私刑通常是极其凶残的兽行，例如性犯罪或诬告，极尽残忍和狠毒。很多实施私刑的人会聚集起来，每个人都想给让指控对象"尝尝厉害"，因此对受害者的虐待会极端残忍，惨绝人寰。

如此前所述，这种让人毛骨悚然的残忍行径在很大程度上是文化习俗的影响。在某些地区，没有受过教育的社会边缘男性曾有"猎人"的传统。对于这项传统，也如之前谈到的一样，执法部门也会持有纵容和放任的态度。在私刑过程中，如果人们情绪高涨，就会理直气壮地搜刮、破坏黑人的居所和店铺。

随着历史变迁，私刑出现的频率现在已明显降低。

## 谣言的推波助澜

我们可以说，谣言是暴动和私刑的催化剂，这条定律始终如一。谣言会在暴力的其中一个阶段甚至所有阶段都参与进来。

（1）暴力事件发生前，外群体为非作歹的谣言会助长仇恨的积累，尤其是人们听到这个少数群体正在私下密谋、暗中策划，或囤积枪支弹药的传闻。此外，种族谣言通常会病毒式扩散，这反映了日益加剧的紧张局势。要想了解局势的紧张程度，最好的方法就是收集和分析当地流传的种族谣言。

（2）最初的谣言完成"使命"之后，新的谣言就成了暴动人士或私刑人士集聚的号令。谣言像号角一样，集结所有仇恨的力量。"今晚河边要出事。""他们今晚就要抓那个老黑，然后弄死他。"警方如果有所察觉，就可以利用"煽动性谣言"预防暴力事件的发生。

（3）谣言是炸药桶的导火索。当煽动性的谣言在大街小巷散播，就会在每次转述中变得愈发夸张和扭曲。

（4）暴动正在劲头上时，谣言会让民众持续处在情绪激昂的状态。

我们再回到这项假设：谣言可以很好地反映群体之间的紧张程度。当然，谣言本身仅仅是仇恨言论，是言语敌意的表达。谣言会毫无例外地表达敌意，并编造令人厌恶的特质将敌意合理化。

由此可见，谣言或许就是群体敌对状态的敏感度指标。我们或许可以通过澄清谣言来降低群体间的敌意，尽管这或许不是很有力。在战争期间，报纸上的"谣言诊断室"就是一种辟谣的尝试，让民众意识到散播谣言造成的危害。然而，澄清谣言是否可以改变根深蒂固的偏见还值得审视。辟谣最大的作用就是提醒那些偏见比较轻微、并不强烈的人，无论是在战争时期还是和平时期，造成种族分裂的谣言，都与国家利益的最大化不相符合。

# 第五章　偏见的模式和程度

我们可以确定的事实之一是，一个人如果排斥某个外群体，通常也会排斥其他外群体。

## 人整体态度的偏见

一项研究巧妙地印证了上述观点。研究人员采用博加德斯社会距离量表，询问学生们对32个国家和种族的态度。除了 32 个熟悉的国家和种族，研究者还杜撰了 3 个种族群体："丹尼人""皮雷人""沃隆人"。学生们都被蒙在鼓里，认为这些"罕见"族群都是真实存在的。结果显示，对熟悉的种族群体抱有偏见的学生，往往对这些"罕见"族群的人也抱有偏见。

有个学生对很多真实群体都很反感，他回答关于虚构群体的问题时这样写道："我不了解他们，所以将他们排除在我的国家之外。"同时，另一个学生基本上没有什么偏见，他这样说："我不了解他们，所以对他们也没什么偏见。"

这两名学生的回答都很有启发。对第一个学生来说，陌生的群体代表着潜在的威胁，因此他会在有实际接触或见到切实证据之前就拒绝这个群体。对第二个学生来说，他本身就不会多虑，所以在得知事实之前会搁置自己的评判。显然，学生身上有一种普遍性格，会决定他基本上是持有偏见态度还是包容态度。

## 偏见到底有多普遍？

当然，这个问题没有绝对的答案，不过我们可以找到不少具有启发性的证据。

问题的关键就是在"偏见"和"无偏见"之间划出一条界线。我们确实可以说每个人都不可避免地带有偏见。我们都倾向于根据自己的生活方式进行预判。因为从深层意义上看，我们就是自己所秉持价值观的集合，所以必然会自豪且真诚地捍卫它们，排斥所有反对它们的群体。

不过，"每个人都抱有偏见"这一结论没有实际意义。如果只考虑将排斥拒绝当作生活重要部分的人，那么这个结论严格来说也不是很正确。

一种方法是梳理民意调查的结果。虽然对大部分人来说，谈论偏见让人尴尬，但坚持不懈的研究人员仍然收集到了很有意义的数据。

民意调查中包含了各式各样的问题。例如：

你是否认为犹太人在美国拥有的权力和影响力过大？

这个问题已经在美国各种具有代表性的样本中被反复问过，并且一致得到了50%的肯定答案。那我们是不是由此可以说，一半的美国人都是反犹分子？

由于上一个问题显然是带有引导性，将原本可能不存在的想法放进受访者的脑海，那我们也可以来看一下暗示性相对较低的问法：

在你看来，哪种宗教、国家或种族群体对美国来说是一种威胁？

当然，在第二个例子中，"威胁"这个词是非常强烈且可怕的。此外，问题中并没有直接提及犹太人群体。在这种情况下，只有10%的受访者自发地提到了犹太人。那么，这是否表示，反犹主义者占总人口的十分之一？

我们还可以尝试第三种方法。这一次，受访者会收到一张卡片，上面列举了几个群体：新教徒、天主教徒、犹太教徒、黑人。接下来，受访者要回答的问题是：

在这些群体中，谁在美国获得的经济权力比其对美国的贡献更大？

结果显示，约35%的人选择了犹太人（约12%的人选择了天主教徒）。

我们再次尝试使用卡片的方法，问题是：

在这些群体中，是否有哪个群体在美国获得的政治权力过大而会对这个国家不利？

这次约 20% 的人选择了犹太人。

综合上述结果，可以得知反犹主义者的比例在 10% 到 50% 之间，如果我们提出的问题情感色彩更强烈或者更温和，那么就会得到更极端的结果。

由此可见，如果提问者**暗示**了关于犹太人的负面陈述——如上面的第一种问法，多数受访者就会认同。如果犹太人群体只是被提到的几个群体之一，那么消极的回应就会减少很多；如果受访者必须自发地思考哪些群体符合问句的描述，那么会想到犹太人的就很少。不过，在最后这个群体中，我们可以肯定他们的情感生活中肯定有明显的敌意，这种敌意是不稳定的，被压抑着，等待表达的机会。据估计，大约有 10% 的人会主动尖锐地表达反犹情绪。

可想而知，敌意的集中性并没有我们预想的那样强。如果人们的敌意广泛分散，那么"合伙"针对某一特定少数群体的现象出现的可能性就比较低。此外，总体来说，各个群体基本维持着暗流汹涌的表面和平状态。

毫无疑问，美国整体上的平等信念和多元文化传统，有助于遏制排斥态度。某种程度上看，敌意会相互抵消。此外，人们对民主信念的坚持，则形成了进一步约束。

## 偏见的人口统计学差异

此前讨论的都是广义上的平均值，还没有根据美国的不同地区、受教育程度、宗教信仰、年龄或社会地位，对偏见的不同程度进行细分。

关于这方面的研究很多，但结果往往相互矛盾。一项研究证实，女性比男性更容易产生偏见。另一项研究用同样充分的证据——不过样本不同——证明了男性比女性更常有偏见。第三项研究发现，天主教徒比新教徒更常有偏见，可第四项研究却得出了相反的结论。或许，现在最稳妥的结论是，即便对于单一研究，这些结果是可信的，但这并不能为结果的普适性奠定坚实的基础。

证据显示，目前有三大结论得到了最广泛的支持。第一，平均而言，相较于北部和西部各州，南部各州对黑人的态度更不友善。此外，相较于南部或者西部，东北部和中西部地区的反犹情绪更强烈。

第二，在教育方面，研究显示，一般而言，受过大学教育的人比只受过中、小学教育的人更容易产生偏见（至少从答题结果上看，后者更为包容），但并非总是如此。

第三，平均而言，相较于社会经济地位更高的白人，社会经济地位较低的白人反对黑人的情绪更强烈，这一趋势似乎非常稳定。但反对犹太人的情况则恰好相反，社会经济地位较高的人比社会经济地位较低的人更仇视犹太人。

除了以上三个初探结论，关于宗教、性别、年龄、地区、经济状况与偏见的关系似乎无法得到可靠的结论。我们会在之后的章节中看到，在特定情形下，每个变量都会与偏见产生或高或低的关联。然而，目前最可靠的结论是，在美国，并没有确凿证据能证明人口统计学变量与偏见之间存在着稳定不变的联系。

第二部分

# 群体差异

# 第六章　关于群体差异的科学研究

几乎毫无例外，持有偏见的人总是会说被歧视群体本身就带有某种让人反感的特质，所以自己才会有这种负面态度。他们会说那些群体整体都智力低下、为人奸诈狡猾、好斗或者懒散。相对而言，较为宽容的人期望看到群体差异可以忽略或者完全不存在的证据。如果偏执的人和不偏执的人都能暂时搁置评判，克制自己的想法，直到看到科学的证据事实，那问题就容易解决了。

即便是学者，对于国家差异和种族差异的研究也很难做到绝对客观。学者也有自己的偏见需要克服，有些是支持性的，有些是反对的。学者并不知道自己的偏见会在多大程度上影响自己对证据的解读。不过，值得庆幸的是，比之以往，当今的社会科学家更能意识到偏见带来的危害。

## 发现了差异就要被排斥吗？

对上述问题的回答是**不一定**。家庭成员的外貌、天赋、脾气秉性往往有很大差异，尽管血亲之间风格各异，他们却能够接受差异、爱护彼此，因此差异本身并不能造成敌意。

　　不过，带有偏见的人几乎总是要宣称，自己的态度正是由某些差异引起的。他似乎从来没有考虑过包容外群体成员的可能性，更别说表现友爱了，毕竟那些人（在他看来）都愚蠢、奸诈、好斗——可如果他的家人或朋友中有谁也有这种不讨喜的特征，他倒是会说："何必如此苛责。"

　　同时，现实的利益冲突确实存在。一个群体或许正在谋划要攻击或超越另一个群体，或者想要限制另一个群体的自由，也可能是想用其他方式侵害。此外，面对这种有攻击优势或危险特质的群体，不想回避、不想谴责的恐怕只有圣人。更确切而言，可以想见的是，如果一个群体可能具有攻击优势或危险特质，那么其群体成员具有同样特质的可能性很高。

## 罪有应得论

　　如果问到为什么会有消极态度，那么随便一个带有偏见的人很可能会这样回答："你看看，没发现他们身上那些让人反感的东西吗？不是我有偏见，他们不受人待见完全是**罪有应得**。"

　　尽管我们曾经说过，"罪有应得"理论或许是正确的，但这个理论也有缺陷，因为它无法回答两个问题：（1）所谓"罪过"是否建立在无可辩驳的事实基础上（或者至少是大概率事件）？（2）如果是，那这种特质为什么会引起人们的反感或敌意，而不是诸如冷漠、同情或感恩？除非以上两个问题可以得到合情合理的解答，否则我们就可以说"罪有应得"论实际上就是偏见的掩饰。

当今世界局势就是很好的例证。毫无疑问，很多国家之间都存在价值观方面的对立。如何化解冲突是当今时代最亟待解决的问题。不过，包围在这个现实核心问题周围的是大量偏见。铁幕背后，人们了解到的且普遍相信的是，美国是一个具有侵略性的国家，美国教授所宣讲的都是华尔街为他们准备的内容。在美国，人们普遍认为，自由主义者和知识分子，尤其是那些为国际理解或种族平等而奉献的人都是叛国贼。这样非理性的观念扰乱了解决问题的进程，致使人们很难聚焦在亟待解决的核心问题上。

## 群体差异研究方法

人们几乎总会以群体差异为理由来解释自己的敌意，并将之合理化。所以，我们绝对有必要区分哪些差异是**真实存在的**，哪些是**想象出来的**。

差异社会心理学的发展很是落后。针对我们的问题，社会心理学还没能给出肯定的答案。当然，虽然对群体差异的研究有成千上万份，但结果都不如人意。深究其困难所在，其中之一是用于比较的群体数量相当庞大，所以很多研究都是有心无力。另一个困难在于当前的研究方法还存在不足。在很多研究中，针对同一目标人群，不同的研究会得到相互矛盾的结论。最后一个问题是，对结果的解读非常困难。研究者通常很难判断自己发现的差异是属于内在（先天）因素，还是应归于早期教育、文化压力，抑或是多种因素的综合影响。

差异研究的第一步，就是找到适合对比的不同群体，这样才有意义。这似乎有无数种可能的组合。我们发现，检视目前已遭受偏见的群体，它们至少可以按照以下十几种类别进行区分：

| | |
|---|---|
| 种族 | 社会阶层 |
| 性别 | 职业 |
| 年龄层次 | 受教育程度 |
| 民族 | 各种各样的利益团体（例如矿工协会、医学会、兄弟会等） |
| 语言 | |
| 宗教 | |
| 地区 | 意识形态 |
| 国家 | 世袭等级 |

问题的本质要求我们用同一种方法比较至少两个不同群体。有些方法已经被证明是行之有效的。

### 旅行报告

纵观历史，旅行报告（包括人类学家、记者和传教士的记述）是最常见的信息来源。旅行者在**脱离自身文化环境**的情况下去感受、解读和报告异域土地上值得记录的震撼之事。这位观察者或许接受过专业训练，目光敏锐细致，或许是个天真的人，没有什么防备，相信"想象中的事物"。优秀的旅行记录都是我们了解外群体的最佳信息来源。尽管有时候这类报告就是为了比较，且很多情况下，旅行者会不自觉将内在的自身文化作为参考架构。依赖旅行者印象的方法有明显缺点：旅行者报告的差异没有经过量化，也不一定是他探访的人群或种族的典型特征。他个人的利益、道德标准和接受的训练会影响他的印象。在他看来非常重要的特质，在其他人眼中或许没那么重要，甚至根本不存在。

### 人口（及其他）统计数据

近年来，国际组织（例如国际联盟、国际劳工局、联合国及其专门机构等）已经向成员国收集了大量数据，但关于各国相对智力水平、种族群体性格特点或直接探讨国民性的数据仍有欠缺。不过，有些数据汇编对解决我们的问题具有一定意义。举例来说，得知瑞典、荷兰、意大利等国的平均教育水平就很有好处，这样我们就不必**凭空想象**哪个国家的人受教育程度最高。联合国教科文组织的任务之一就是对各个国家的生活方式进行事实性描述，由联合国发布的比较性数据很有帮助，各国发布的数据也是一样。美国人口普查和国税局提供了实用的细分数据。例如，如果一个人对医生群体的平均收入水平有所预判，那么查阅了政府官方报告后，他就可能会修正此前的判断。


**测验**

每个美国学生都很熟悉心理测验。理想状态下，心理测验可以解决一些让人困惑的问题。它们可以用于比较原始群体和文明群体的感觉敏锐度、比较所有群体的智力水平、了解不同职业的人的抽象思考能力等。尽管我们有时候必须要依靠针对不同群体的测试结果，但首先了解心理测验的限制也很重要：

1. 有些人已经习惯了接受测试（例如美国的大学生），但有些人还没有接触过测验。测验结果会因受试人对测验情景的熟悉程度而大有不同。

2. 有些测验需要有竞争意识。在有些文化中，竞争意识并不存在。如此，这种文化的受试者就无法理解为什么不能让亲朋好友参与，通过友好合作的方式完成测验；也无法理解为什么测验会有完成时限的要求。

3. 有些群体的成员会在受到激励后努力完成测验，但某些群体的成员则总会兴致缺缺。

4. 测验的诸多条件通常不具有可比性。有些孩子可能会在嘈杂吵闹的环境中接受测试，有些孩子则会在安静的环境中完成测试。

5. 不同群体的成员的阅读理解能力不具有可比性。有的人很难读懂题目。

6. 测验题目通常有某种"文化限制"。有些问题或许会侧重美国城市儿童的体验和感受，美国乡村的孩子甚至都无法回答。

7. 大多数心理测验都是由美国心理学家设计，并以此为标准。美国文化的全部模式都体现在他们设计的测验工具中。因此，对于没有受到同样熏陶或影响的人来说，测验的一切或许都是陌生的、不公平的、具有误导性的。如果美国心理学家本人要完成的是班图人设计的智力测验、性格测验或态度试验，那他肯定也会有所抱怨。

幸好，社会科学家们已充分意识到以上诸多限制，且在近些年，针对不同群体进行的测验，结果都得到了相当谨慎的解读——可以说，这种谨慎已经到了没人能理解测验结果真正意义的地步。关于智力测验，或许最主要的发现就是：**测验所受的文化影响越小，群体偏差似乎就越小**。比如，在跨文化比较中，让孩子们画一幅人像的测验远比直接的语言智力测试更公平——白人儿童和印度儿童参与的"画人测验"的测验结果表明，两个群体之间的差异非常微小，甚至有时候印度儿童表现得比白人儿童还要好。这一发现并不是印证了人类群体之间不存在智力水平上的差异，而是意味着，这种差异需要完全抛却文化影响的测验才能够真正被揭示。

## 意见及态度研究

最近几年，民意调查已经跨越了国界。通过这种相对精确的技术，我们可以就不同事务，了解不同国家具有代表性人群的看法，如政治议题、宗教观点、实现和平的方式等。

当然，这种方式只适用于有专门可靠的调查机构的国家，且需要这些机构之间的通力配合。此外，和测验一样，不同文化背景的人们可能会对问题有不同的解读。将问题从一种语言翻译成另一种语言时，通常会有些许微调，因此回答的意义也会受到相应影响。

詹姆斯·M.吉利斯皮对研究方法进行了改良，使之更具有开放性。

研究者向十个来自不同国家的青年收集了大量样本。

每位受试者都要完成两份文件。其中一份是关于未来的自传："我从现在到公元 2000 年的生活。"另一份是包含至少 50 道题目的问卷。

结果显示，不同国家之间存在明显差异。与其他国家的年轻人相比，美国年轻人更关注个人生活，对政治和社会发展不太感兴趣。与美国年轻人态度最相似的是新西兰年轻人。不过，和美国年轻人不同的是，新西兰年轻人认为自己的未来与公共服务相关，他们或许会成为国家公务员。整体而言，美国年轻人似乎没有意识到个人的福祉以国家发达为基础，对公共事务和国际事务的关心程度较低。

只有通过这种国家间比较的方法，美国年轻人的"利己主义"才终于得以发现。这一点该如何解读？美国的年轻人是在个人主义的传统中成长起来的，人人为己。美国的面积之广、财富之巨、国力之强让年轻人认为自己未来必定安稳无虞。对物质生活的重视让美国年轻人在规划自己有竞争力的职业生涯时，考虑的更多是在最大程度上提高自己的生活品质，而不是为了公共利益而有所牺牲。因此，美国年轻人对未来的设想会表现出一种疏离感，或者说"利己主义"。

但我们并不能据此说明美国年轻人在国家有难时会缺乏爱国主义精神，或者说不愿意牺牲个人利益。研究结果

中所透露的美国年轻人特有的自我中心主义，会在国家危
难时被根深蒂固的意识形态所抵消，这也是美国人典型的
"国民性"。

### 官方意识形态的比较研究

从马克思、列宁、斯大林的著作中，我们可以提炼出
共产主义的核心精神，并与美国的《宪法》《独立宣言》和
多年沉淀的国家文件等纲领性文件进行对比。对比之后，
我们会发现：

共产主义者认为自然世界是以物质为基础的，通过对
立力量（辩证唯物主义）的冲突而呈螺旋式上升。共产主
义者倾向于一致行动，如一党专政的集权政府，主张目的
可以证明手段的正当性。他们不推崇个体自发的道德感，
认为生产和实践本身就等同于理论。

美国人相信犹太基督的宗教传统和普通法所奠定的基
本价值观，认为世界会在社会共同理想的引领下呈非线性
演进。他们相信理性的力量（真理终将胜利），希望在多党
选举制度中看到各种观点相互碰撞、自由表达。他们还认
为，政府是不同利益团体之间的仲裁者，个人自发的道德
感应予保护。

意识形态或许在比较宗教学领域能得到更清晰的研
究。因为这个领域有大量权威且神圣的文本，备受信徒的

尊崇，且指引他们的行为。

我们必须要记住，**官方教义**并非总是与其佑护着的实际观点或实践相一致，意识到这一点与方法本身同等重要。通常，教义表达的是理想的状态，而非实际达成的效果。不过，这类文本具有心理学意义，能为群体成员指出共同的方向，并从成员尚小时就将文本中的行为准则深深烙印在他们的脑海。

### 内容分析

为了满足现代社会科学对精确性的要求，一种量化方法得以衍生。这种方法不仅适用于官方文件，更适用于各种社会交流媒介。举例来说，研究者可以对广播节目进行录制和分析，找到其所传达的信息。同样，电影、报纸、杂志、戏剧、广告、笑话和小说也可以通过这种方式研究。将不同研究者对录音所做的独立分析进行交叉比对，就可以得到某一个调查者分析的可信度。这种方法在应用上的主要困难在于第一步要做的决定：何种元素的类型应列入统计范围？是应该对谈论的主题进行分类还是仅仅统计在处理特定主题时所用到的情绪性词语？我们是应该只考虑节目内容的字面意义，还是应该找到话语背后的含义？我们是应该将节目作为一个整体来考虑，还是应该将每个词、每个句子或每种思想都作为一个元素？这些不同的可能性衍生出了不同形式的内容分析。每一种都有各自的独特作用。

### 其他方法

我们不能说上述六种方法就已经穷尽了所有获得群体差异可靠数据的方式，否则就是自欺欺人。这些方法只是用于说明特殊问题需要特殊的解决方式。例如，在实验室中，形态人类学家会比较不同人种的骨骼，生理学家要研究血型，精神病理学家得在精神疾病医院中对精神类疾病进行分类，找到对于种族、国家群体或社会经济地位不同的人，高发的精神疾病是什么。

## 差异的类型和程度

如前所述，关于种族差异的研究成千上万，各不相同。有时，研究结论可以进行如下分类：
- 解剖学差异
- 生理学差异
- 能力差异
- 群体成员"基本人格特质"差异
- 文化习俗和信仰差异

## 对差异的解读

群体间的不同究竟要达到怎样的程度，才算得上是真正有差异？通过大多数样本研究结果来看，我们只发现了微小的区别。**或许并不存在某种群体差异，能将每个群体成员与非群体成员区别开来。**即使我们说"白人都很白，黑人都很黑"，这种概括也是错误的。有一种可能性是，并不存在每个群体成员都具备该群体所有特征的情况，也不存在某个特征出会出现在某一群体的每一个成员身上，而不会出现在其他群体的成员身上的情况。

科学需要继续探寻关于群体差异的真相，这一点非常重要。我们只有了解了真正的事实，才能正确区分错误的过度归类和理性的判断，才能正确区分"罪有应得"论与偏见。

# 第七章  种族和民族差异

人类学家克莱德·克拉克洪写道：

尽管种族是真实的概念，但受过教育的人们对它竟有如此多且如此严重的误解，恐怕没有另一个科学领域也是如此。

克拉克洪提到的误解之一，就是对**种族**和**民族**的混淆。前者指的是遗传上的联系，后者指的是社会和文化上的联系。

为何对两者的混淆会造成严重的后果？因为"种族"一词带有难以名状的宿命感。大家都认为，遗传无法改变，如同赋予某个群体某种本质，那这个群体根本无从逃脱。这就会导致一系列扭曲的观念，例如：东方人骨子里就狡猾奸诈；黑人种族经历了不可抗拒的进化，仍旧与猿猴祖先最为类似。这些种族的后裔身上也会带着这些种族特质，即使是混血儿也不例外。一个只有一点黑人"血统"的男人与一个白人女性结了婚，他们的孩子皮肤也会如煤炭一样黑，仿佛这个孩子就拥有了黑人的"心智"。所有这些惊人的想法，都是混淆"种族"和"民族"概念的直接后果。

## 为何强调种族

"种族"之所以成为人类差异分类的核心概念，原因有很多。

1. 达尔文主义绘制了一张物种图像，进而将之区分为不同的品种和种群。尽管有非纯种狗、非纯种牛和混血儿，但"纯种最好"的观点仍占据主流。

2. 家庭遗传确实会让人印象深刻。如果身材、气质、心理和脾性等特征都会体现在一个家庭的所有成员身上，那为什么不会体现在种族成员身上？这种观念忽略了一个事实：某个家庭的成员之间之所以相似，并不是因为遗传，而是在于后天学习。此外，它也没有注意到，尽管基因可以在原生家庭中直接延续，但构成种族的家庭有很多，这些家庭的基因组成远不像单独某一个家庭的基因组成那样一致。

3. 从某一原始族群成员的外表，我们就能看出他们同属一个种族，例如黑人、蒙古人和高加索人。因此，难怪孩子们的教科书上会画出不同肤色的人，比如白皮肤的人、棕色皮肤的人、黄皮肤的人、红皮肤的人和黑皮肤的人。肤色仿佛是最直观的。

然而，据说一个人的遗传基因中，与种族相关的不到百分之一。肤色确实跟种族有关，但并没有证据表明决定肤色的基因和决定心智能力或道德水平的基因有关联。

4. 哪怕只是一丝无关紧要的可见特征，也会让人们执着地认为，一切特质都是跟这个特征有关系。人们会认为，一个人的性格会与这个人眼睛的倾斜度有关系，或者认为黑皮肤的人都具有危险的攻击性。这是我们都具有共同倾向的例证，即我们会夸大吸引自己注意的特征，并将之锐化。

**性别归类**中也可以看到同样的倾向。基因赋予了男性和女性不同的第一性征和第二性征，但人类的身体、生理、心理上的特质都与性别无关。可是，在大多数文化中，女性的地位和男性的地位有明显差距。女性被视为低人一等，不得迈出家门，穿着要不同，还不能享有男性享有的很多权利和待遇。男性和女性地位上的差异远非性别基因差异所可以解释。种族问题也是如此。或许会存在少数基因指标，但远远不足以解释社会性差异。身体差异的可见性就像一块磁铁，将所有想象中的归罪全部吸引过来。

5. 大多数人都不清楚种族群体和民族群体之间的差异，也不明白种族和社会阶层、先天和后天之间的差异。人们会将外貌、习惯、价值观等特征全部归因于种族原因，因为这样更省心。将现存所有差异归因于遗传因素，比将之归因于复杂的社会因素要更方便。

在美国黑人身上，这种错误更为明显。黑人属于黑色人种，这似乎是直观的事实。然而，据人类学家估计，美国只有不到四分之一的黑人是纯种黑人。至于所谓黑人特征，平均而言，美国黑人的血统中一半属于黑人，一半属于白人。由此可见，我们贴在黑人身上的标签至少一半纯粹是社会捏造的。

6."血统"这个词具有微妙且诱人的神秘力量。这个词带着某种重要的明确感、亲切感和象征意义。家庭和种族的自豪感都建立在"血统"之上，但这种象征意义并没有科学依据。然而，推崇"血统"的人却不知道自己所说的只是一种比喻，还以为自己说的是科学事实。

7. 别有用心的危言耸听之人或煽动家都很喜欢打着"种族"的旗号。对于为了达到某种目的，或是自身正在经历难以名状的折磨的人来说，"种族"是他们最喜欢的恶魔。种族主义者大概就是出于自身的焦虑，所以一手打造了"种族"这个恶魔。希特勒这种人发现，如果想分散人们对自身问题的关注，那就给他们找到现成的替罪羊，种族主义正是非常好的工具。如果煽动家想凝聚支持者的力量，他们通常会捏造出"共同的敌人"。"敌对种族"这个概念虽然模糊，但效果很好。

想象力丰富的人会通过各种自己希望的方式来扭曲种族的概念，并借由种族来构建和"辩解"其偏见。

## 真正的种族差异

虽然种族的概念被严重滥用和夸大，但不可否认的事实是，种族差异的确存在。不过，由于研究和解读研究结果方面的困难，社会科学研究还并没有先进到确切呈现种族差异的程度。我们提到过，在这些条件实现之前，心理测验无法解决种族遗传特征以外的问题：社会经济机会平等、语言差异得以克服、种族隔离废除、平等教育水平实现、社会关系融洽、受试者测验时动机同样强烈、对测试者的恐惧消除，以及其他条件的标准化。因此，心理测试的价值目前相当有限。

把种族特征和民族特征混为一谈，就相当于把"先天遗传因素"与"后天习得因素"混为一谈。这种混淆会带来严重后果，会导致人们过分相信人类的特征亘古不变。然而，遗传所赋予的特征会被逐渐改变，且至少从理论上看，后天习得的一切经过这一代人就会完全不同。

无论是固定不变的，还是可变的，习俗和价值观的种族模式通常都很微妙，无法进行量化研究。

## 文化相对性

民族差异数不胜数，且难以捕捉，所以有人认为世界各地的文化毫无一致性可言。"文化相对性"的论调更是扩展了上述观点。所谓"习俗令一切合理"，就表明所有的行为标准完全是习惯问题。你学到的就是正确的。良知就是主流群体的声音。在一种文化中，杀死祖母或许并无不妥；而在另一种文化中，人们或许可以随时虐待动物。然而，人类学家提醒我们，不应该如此泛泛地解读群体差异。实际上，所有人类群体都会发展出"功能等同"的活动。尽管细节或许存在差异，但目的和实操方法却是一致的。

人类学家默多克认为，根据已知的历史和民族志，某些人类行为见诸各种文化之中。他列出的人类普遍性如下：

| 年龄辈分 | 体育运动 | 身体装饰 | 历法 |
|---|---|---|---|
| 清洁训练 | 社群组织 | 烹饪 | 合作劳动 |
| 宇宙学 | 求偶 | 舞蹈 | 装饰艺术 |
| 占卜 | 解梦 | 教育 | 末世论 |
| 伦理 | 民族植物学 | 礼仪 | 信仰治疗 |
| 家庭宴会 | 生火 | 民俗传说 | 饮食禁忌 |

| 丧葬仪式 | 游戏 | 手势 | 赠礼 |
|---|---|---|---|
| 政府 | 问候 | 发型 | 招待宾客 |
| 住房 | 卫生 | 乱伦禁忌 | 继承规则 |
| 笑话 | 亲族 | 亲属关系 | 命名法 |
| 语言 | 法律 | 迷信运气 | 巫术 |
| 婚姻 | 用餐时间 | 医学 | 敬畏自然 |
| 哀悼 | 音乐 | 神话 | 计数 |
| 妇产学 | 惩罚制裁 | 姓名 | 人口政策 |
| 产后护理 | 孕期禁忌 | 财产权 | 敬拜鬼神 |
| 成年礼 | 宗教仪式 | 居住规则 | 对性的限制 |
| 灵魂概念 | 地位分化 | 手术 | 制造工具 |
| 贸易 | 旅游 | 断奶 | 控制气候 |

　　上述清单过于繁杂细微，所以用处不大，但它表明，在世界历史的这一刻，社会科学家对于一致性的研究和对于差异性的研究一样成果非凡。如果强调差异性，就会导致分化；如果强调相似性，就会让人们注意到人类大家庭各个分支之间的共同点，进而关注到合作共荣的基石。

# 国民性

尽管在某些情况下，国家群体和民族群体相当一致，但两种概念并不相同。几个不同的国家或许会使用同一种语言，可很多国家内部（如苏联、瑞士）使用的语言也不止一种。

尽管国家群体和民族群体通常并不对应，但我们依旧可以用国家来划分人类群体，并探讨其中的差异。"国民性"这一概念指的是，一个国家的成员，哪怕存在民族、种族、信仰或个体差异，但与其他国家的成员相比，这个国家的成员在信仰和行为的基本模式方面彼此更为相似。

众所周知，日本人认为美国人都很虚伪，唯利是图、粗鲁庸俗、任性放纵且奢侈挥霍。要想理解日本人的这种负面评价，就必须先理解日本文化对"真诚"的高度重视——全心全意履行承诺，哪怕为此牺牲生命。言行不一（因此看上去非常虚伪）是日本人完全无法接受的观念，因为他们所接受的训练教导和惯常的思维模式就是如此。此外，美国人的不拘小节和随心所欲，在日本人眼里就成了粗俗和自我放纵，毕竟他们讲求形式，低调谦卑，注重奉献，非常害怕"没面子"。

总而言之，国家和民族有部分重叠，同时不完全相同。不过，同样的研究技巧适用于二者，发现的差异也可以用同样的方法进行分类。目前，针对国民性的客观性研究不多，但不久的将来很可能会迅速发展。重要的是，我们不能将关于国民性的事实与人们对它的印象混为一谈。印象和所有的感知和记忆现象一样，融合了事实和既有价值观框架。对印象的研究也很重要，因为人们会根据印象采取行动。此外，当务之急是找到纠正错误印象的方法，毕竟就算没有额外的误解加剧国民性格上的差异，其业已存在的真实不同也已经导致了相当多的冲突。

# 第八章　可见性与陌生感

我们已经探讨过真实的群体差异——包括种族的、国家的和民族的。现在，我们要转换角度，探讨人们如何感知并关注这些差异。我们已经看到，人们对民族差异的印象很少与真实存在的差异分毫不差。

原因之一在于，一些（但并非很多）群体差异具有明显的可见性。黑人、东方人、女性，还有穿制服的警察，都可以立刻被归类到某个预判的类别，因为一些醒目的标记能马上激活相应的范畴。

遇到陌生人时，我们并不知道他属于哪个类别，除非他身上恰好有这样明显的标记。因此，面对陌生人，我们通常会比较警惕，怀有试探的态度。

一群农夫聚在乡间的一家杂货店中，这时，一个陌生的年轻人走了进来。"感觉要下雨。"陌生人态度友好。没有人答话。过了一会儿，一个农夫问："你叫什么？""吉姆·古德温。我爷爷之前就住这边，往北一英里。""噢，是埃兹拉·古德温。——对啊，没错，看着是要下雨。"从某种意义上说，陌生感本身就是一种可见的标记。它表示的是："先稳住，等陌生人能被归类之后再说。"

考虑是否接纳某个陌生人时，我们似乎总会遵循一条通用规则：他的待遇取决于对于内群体要实现的价值来说，他作为资产或负债的程度如何。有时候，他的功能不过就是友善陪伴人们的过客。在田纳西州的大山里，人们对待陌生人自有一套方法。陌生人在到达主人家门口之前需要大声叫喊，除非狗先提示了主人。还有，陌生人得把枪放在门廊。如果他这样做了，就会受到热情款待，因为山中居民也欢迎陌生人到访，纾解生活的无聊。

如果一个内群体想要吸收新成员，且这个陌生人刚好具有该群体需要的品质，那么他可能会永远受到欢迎。不过，大家都要经过一段时间的磨合和适应。在关系紧密的社群，新成员被完全接纳之前，磨合期可能长达数年，甚至需要一代人或更久的时间。

## 幼儿期

若说人们的群体偏见有先天的基础，那么应该是对陌生事物的迟疑。婴儿常常对陌生人表现出惊吓反应。在六个月或八个月大时，婴儿见到陌生人抱起自己或者靠近自己时通常会大哭。即便是两三岁的孩子，遇到陌生人突然凑近，哪怕是和善的，也会退缩或者哭泣。对陌生人的胆怯通常会持续到青春期，但从某种意义上说，这种反应永远都不会完全消失。由于我们自身的安全感取决于时刻留意环境的变化，因此我们就会对陌生人的出现很敏感。回到自己家时，我们或许甚至不会注意到有家人坐在旁边，但如果有陌生人在，我们马上就能察觉到，并保持警惕。

不过，对陌生人感到害怕或疑虑的这种"本能"基础并不会持续太久，通常过一会儿就会缓解。

一项研究以11—21个月大的婴儿为实验对象。每个婴儿会被带离育婴室这个熟悉的环境，之后被单独留在陌生的房间中。研究人员会通过单面镜来观察婴儿。尽管婴儿周围摆满了玩具，触手可及，但所有婴儿最开始都会大哭，显然是出于对周围环境改变的恐惧。等婴儿独自待了五分钟之后，他们就会被抱回到育婴室。隔天，婴儿会再次被抱到陌生的房间，独自留下。这次，婴儿们的哭声很快就会停止。这样重复几次之后，陌生感就会逐渐消失，所有婴儿都会玩玩具，心满意足，毫无抗拒。

我们已经提到，熟悉会带来"美好"的感觉。既然熟悉的东西是美好的，那么陌生的事物就一定是不好的。可随着时间的推移，所有陌生的事物自然而然也会变得熟悉。在其他条件不变的情况下，随着接触的增加，陌生事物就会从"不好的"变成"美好的"。正因如此，我们就不能太过倚重"对陌生人的本能恐惧"来解释偏见。毕竟只需要对环境适应几分钟，婴幼儿对外来者的恐惧反应就会减轻。

## 可见差异暗含了真实差异

回到可见性的问题上，我们首先会发现，所有经验都表明，两个看起来不一样的东西通常实际上也不一样。天空中的乌云和白云表示截然不同的天气状况。臭鼬和猫绝非同类。我们的舒适感，有时候也包括我们的生活，都有赖于学会通过不同的方式来应对不同的事物。

每个人的外表都不同。我们预计某些行为会出现在孩子、女性和外地人身上，但并不觉得那会出现在成年人、男性和本地人身上。这种纯粹的**预期**并没有什么不正常，也不存在偏见。

虽然人们身上某些可见的差异是个人特有的（每张脸都有自己的独一无二的轮廓和表情），但很多差异可以被归类。性别和年龄差异就是非常明显的例子，很多用来标记外群体的差异也是如此，例如：

· 肤色
· 脸型
· 手势
· 基本面部表情
· 说话方式或口音
· 穿着

· 举止

· 宗教仪式

· 饮食习惯

· 姓名

· 居住地

· 身份标志（例如：象征成员身份的制服或领扣等）

有些差异是天生的，有些则是习得的，甚至是受成员身份影响而形成的。没有人规定谁一定要佩戴退伍军人的领章、兄弟会的胸针或戒指。虽然有些群体成员偶尔会试着降低自己的"可见性"（如黑人总会使用浅色粉底或直发器），有些则会刻意凸显自己的成员身份（比如穿着特定服装、戴上徽章等等）。无论何种情况，重点在于，看起来（或听上去）不一样的群体，似乎是有所不一样，通常比实际表现出来的更明显。

这一规律衍生出一个奇怪的结果：似乎有所不一样的群体会被认为是不一样的。在纳粹德国，人们发现犹太人的可见性并不足以完美表示其身份，就要求犹太人戴上黄色臂章。教皇英诺森三世因无法区分基督教徒和异教徒而备受困扰，所以下令所有异教徒都必须穿着有辨识性的服装。同样，很多白人为了提高黑人的"可见性"，就宣称黑人有特殊的体味和外貌。

综上所述，可以感知的差异对于区分外群体和内群体成员而言非常重要。归类需要可见的标识。这一需要如此迫切，人们有时甚至会臆想某种并不存在的可见性是实际存在的。很多通过肤色来区分白人的东方人，同样认为白人也有特殊的体味。此外，多年以来，在美国人的想象中，布尔什维克成员都有络腮胡。

如果可见性确实存在，人们几乎总会认为它与潜藏的深层特质有关，但实际并非如此。

## 可见程度

人类学家基思根据群体中即时可辨识的成员比例，为不同种族（血统、类型、人种）的可见性程度提供了分类架构：

- 全可辨＝每个个体均可辨别
- 高度可辨＝80%以上的个体可辨别
- 中度可辨＝30%—80%的个体可辨别
- 轻度可辨＝少于30%的个体可辨别

与没有偏见的人相比，抱有偏见的人能更准确地辨识出自己不喜欢的外群体，这确实让人吃惊。从心理学角度看，这一事实不难解释。对于抱有偏见的人来说，发现用于辨识"敌人"的线索**很重要**。有偏见的人逐渐变得善于观察且多疑。此外，由于他认为自己遇到的每个犹太人都是潜在威胁，所以就会对所有可能表示犹太身份的线索都非常敏感。相反，没有偏见的人就不会太在意群体成员身份。被问到某个朋友是否为犹太人时，没有偏见的人可能会发自内心地回答："不知道啊。我从来没往那儿想过。"除非一个人在意这件事，否则他就不会观察或学习用于辨识的线索。

在区别同一人种的两个外群体方面，虽然经验和熟悉程度会有所帮助，但这个任务通常比较困难。一位研究员请斯坦福大学和芝加哥大学的白人学生通过照片区分在美国大学留学的中国学生和日本学生。整体而言，实验结果很不理想——虽然斯坦福大学的学生更熟悉东方留学生，但正确率只略高于芝加哥大学的学生，两所学校学生的表现都跟随意猜的差不多。

肤色对感知的影响很大，所以我们通常最多只是通过面孔来做出判断。东方人就是东方人——至于是中国人还是日本人，我们就判断不出来了。我们也无法感知每张脸的**独特性**。尽管我们一般会坦诚地讲所有东方人在我们眼里都差不多，但一旦听东方人说"美国人都长得差不多"，我们还是会觉得离谱。

即便我们对个体差异的感知通常只停留在肤色或种族类型带来的整体印象上，但如果对方在可见范围内站得离彼此比较近，那么情况就恰好相反。白人或许无法通过外表来区分中国人和日本人，但无需赘述，这两个群体的人都知道区分彼此的所有线索。弗洛伊德曾经提出"微小差异自恋"。遇到与自己相似但某些方面有不同的人，我们会仔细与对方比较。按照弗洛伊德的观点，微小差异是对自己隐含的或潜藏的批评。因此，我们会特别留意与对方的区别（就像两位同样来自市郊的女士会在聚会上彼此留意对方的装束），评估眼下的状况，最终通常会得出有利于自己的结论。我们认为，那个看起来像自己"双胞胎"的另一个终究比不上自己聪明机敏。宗教团体内部的分裂也体现了这一点，比如，于外人而言，路德教徒就是路德教徒，但要内部成员看，这个人究竟属于哪个大会有不同的意义。

## 关于可见线索的态度凝缩

将符号及符号所代表的事物合而并论的倾向即为**凝缩**。凝缩有各种形式，也有多种后果。在 19 世纪，关于"黄祸"的警报频频作响，同时"白人责任论"也备受关注。

无论出于何种原因，肤色对于白人来说都是明显的特征，如滑落夜空的流星般明显，也具有非常重要的象征意义。

很多白人喜欢美黑。所有正常人的表皮最下层都含有黑色素（melanin），这个词在希腊语中就是**黑色**的意思。

有了假期和防晒霜，数百万生活在北方国家的人对自己身上的黑色素进行了充分利用，希望拥有"坚果棕""印第安红"，甚至是"黑人黑"的肤色，作为完美夏日假期的象征。喜欢日光浴的人都希望拥有黑人那样的肤色。

那么为什么天生肤色深的人不受欢迎，反而遭人厌恶？这是因为肤色除了表示皮肤颜色，还象征着他们地位低下。他们的皮肤表现的不仅是色素，也暗示出次等的社会地位。有些黑人意识到了这一事实，便努力调整外表。他们认为通过使用美白化妆品，就能够摆脱污名，甚至可以摆脱污名带来的种种阻碍。他们抗拒的不是自己天生的肤色，而是肤色带来的社会性侮辱。他们同样也是凝缩（将线索及其象征混为一谈）的受害者。因此，对于受害者和抱有偏见的人来说，可见性都是非常重要的符号，激活了与可见性本身并无太多关联的类别。

## 感官厌恶

可见的线索就像一个锚定点，让人想到由此发散的各种事物。我们很快就会从视觉上的感知滑坡到以下思想中：不同肤色的人身上肯定流着不同的"血"，有着不同的体味和原始冲动。我们由此就可以用感官、本能和"动物性"来解释自己的负面态度。

这个过程非常自然，因为感官上的厌恶或者不愉快实则是人类的共同经验。每个人都有近乎反射的那种不喜欢或厌恶的感觉，例如蒜味、粉笔蹭过黑板的刺耳声音、头发油腻的人、口臭、盘子上的污渍等等。一项研究中，研究员请 1000 个人说出自己讨厌的事物，发现平均每个人会提到 21 种感官厌恶或类感官厌恶，且大约有 40% 与身体特征、特殊习惯或衣着打扮有关。

有些感官厌恶或许是天生的，不过大部分都是后天习得。无论从何而来，感官厌恶都会让我们起鸡皮疙瘩，想要尽力避开刺激物，或用其他方式自我保护。这并不是偏见，但为偏见提供了现成的合理化理由。在此，我们又看到了符号和态度上的**凝缩**。即便是因为其他原因不喜欢外群体，我们还是会说自己之所以不喜欢是因为感官方面的原因。

"体味论"如此普遍，我们需要进一步探究。心理学家提出了嗅觉的三个重要特征。

（1）嗅觉具有高度情感性——气味很少是中性的。恶臭会引人反感和恶心，香水畅销是因为能唤起浪漫的感受。因此，特定群体的成员身上散发的独特体味，很容易引起其他人的好感或厌恶。有的东方人认为白人身上有体臭，而这种特殊的体味则是源于白人吃了太多肉。

在接受偏见的气味论证之前，我们必须首先证明体臭真实存在，并非凭空想象而来，而且体味也是**特别的**，也就是说，相较于（我们喜欢的）内群体成员，体臭在（我们反感的）外群体成员身上更明显。体味难以捕捉，所以研究起来也很难，不过我们接下来将会介绍非常基本的、具有启发性的尝试。

（2）气味引起的联想力很强——某种香气会突然带来儿时到访过的复古花园的图景。麝香味会让人想到祖母家的前廊。同样，如果我们将大蒜的味道跟我们认识的意大利人联系在一起，或把廉价香水味和移民联系在一起，把恶臭的气味跟拥挤的公寓联系在一起，那么再次闻到这种味道时，我们就会想到意大利人、移民和住在破公寓里的人。遇到意大利人会让我们想到大蒜的味道，甚至能"闻见"它。（因这种联系而产生的）嗅觉幻觉很常见。正因如此，形成这类嗅觉联系的人，才会坚持认为所有黑人或所有移民身上都有味道。

（3）人对气味的适应其实很快。即便空气中毫无疑问弥漫着强烈的味道（如在体育馆、老旧公寓、化工厂），人们适应起来都会很快。不到几分钟，我们就闻不到那种味道了。这个事实本身就反驳了"人因为恶心的气味才反感特定群体"的说法。婴儿对陌生人的恐惧很快会消失，我们无法让如此短暂的现象为偏见的理论奠基。然而，有一点确实无疑，如我们说过的，体味具有强大的能力，能让人与关于某个物体的观念产生持久的联系，这种联系会抵消迅速生成的适应感。

那么，事实究竟如何？黑人是否真的有特殊的体味？我们对此还没有定论。

一项研究请 50 位受试者区分两个白人男学生和两个黑人男学生身上的体味，但受试者完全不知道这四名学生的情况。在实验的前半部分，四名男生刚刚洗过澡；在实验的后半部分，他们刚刚做完 15 分钟的剧烈运动，且出了很多汗。结果，大部分受试者无法分辨体味上的区别，或者说无法正确区分，正确率只比随机猜测的高一点而已。

这种实验对于受试者来说很不友好，但两个种族的学生的汗臭味让人反感的程度相当。

气味具有特别的心理特性，承受着主观亲密感受（和偏见）的影响，但它的主要作用似乎是为这种情感状态提供"客观"借口或合理理由，毕竟这种状态太过个人和私密，难以做到自我理解或自我分析。

## 讨论

现在，我们已经明白了"可见性"（在肤色的例子中真实存在，在气味和其他"感官"特质中通常是想象出的）会成为核心象征的原因。如果我们认为一个群体的成员具有某些独特的感官特征，那这些特征就会像"凝聚棒"一样，将所有关于这个群体的想法和感受全部汇集到一起。正是这种"凝聚棒"的存在，让我们认为外群体是一个凝聚在一起的整体。类别一旦形成，就会尽可能扩大能涵盖的范围。

我们再谈一下性别差异的问题。显然，性别差异具有高度可见性。然而，在所有文化中，可见性都扭曲了人类对性别差异的看法。女性不仅在外表上与男性不同，其生理特质也导致人们认为她们不那么聪明、理性、诚实，创造力也不强——在有些国家，人们甚至认为女性缺乏灵魂。真实存在的生理差异由此被看作是总体上的种类差异。所以，黑人并不只是黑皮肤，他们的心也是黑的，是劣等人，懒惰不堪——然而这些特质都与决定肤色的基因无关。

综上所述，可见差异对民族中心主义的发展有推波助澜的功效。但可见差异仅有助长的作用，而并非民族中心主义发展的动因。我们感受到的反感就算与可见差异有关，那也是微乎其微——相反，反感来源于我们合理化的过程。

# 第九章　因受害而出现的特质

扪心自问，如果你总是听到别人说你是个懒散、幼稚的人，日后只能靠偷窃为生，且血统低贱，你的个性会有怎样的变化？如果这些评论都是大多数同胞强加在你身上的呢？如果你无论怎样做都无法改变他们的看法——就因为你刚好是黑皮肤呢？

或者你每天都听别人夸你是个精明、果断、事业有成的人，可你从不被俱乐部或酒店待见，你会怎样？如果别人都想让你只跟犹太人打交道，可你照做又会饱受指责，你会怎样？还有，假设你无论怎样做都无法改变他们的看法——谁让你刚好就是犹太人呢？

别人的评价无论真假，只要一遍又一遍往心里烙印，就不可能不影响这个人的性格。

一个四处碰壁且各方面总受到打击的孩子，他的突出性格不太可能会是自尊且镇定，相反，他会变得防备。如同生活在巨人国的侏儒，无法做到与别人平起平坐，不得不听凭对方嘲讽和戏弄，不得不忍受对方的虐待。

这个侏儒性格的孩子会发展出许多自我防御的行为，变得退缩，鲜少与巨人交流，且永远做不到坦诚。他或许

会跟其他侏儒抱团，彼此依靠，寻求安慰和自尊。他或许
一找到机会就会欺骗巨人，一尝报复的腥甜。他可能偶尔
会在绝望之中把巨人推下人行道，或者在确认不会有什么
后果的情况下朝他们扔石头。他也有可能会在走投无路的
情况下，按照巨人的期待行事，逐渐变得和巨人"主人"
一样，瞧不起其他的侏儒。由于长期受人蔑视，他自爱的
本能会萎缩，转变为自我憎恨。

## 自我防卫

心胸宽广、富有正义感的人，通常不会认为少数群体
的成员身上有什么特别之处。在他们心里，少数群体成员
与其他人"一样"。广义上看，这种判断是合理的：正如先
前所述，群体差异绝对没有人们通常认为的那样明显，而
且群体内的差异一般会比群体间的差异更明显。

然而，没有谁能对其他人的**贬斥**或**期许**无动于衷，所
以任何遭受嘲笑、侮辱和歧视的群体，其成员会自我防卫
也是必然反应。除此之外，也不会有其他可能。

讨论因受迫害而产生的特质之前，我们先要记住两个
要点：（1）这类特质并非都是负面的——有些特质能带来让
人愉快且具有建设性的社交关系；（2）自我防卫的效果因
人而异。在受迫害的群体中，每个成员的自我防卫形式都

不同，有些人可以轻易应对自己作为少数群体成员的身份，在他们的性格中很少有证据表明这种身份对他们来说是一种困扰。另一些人则会同时表现出积极和消极的补偿反应。有些人会因为自己遭受的不便而拼命反抗，甚至不惜使用低劣的手段。这些不好的行为又会让他人更加排斥，因而也更加憎恶这个人。

个体对于其成员身份的反应取决于他本身的生活环境：他所接受的训练如何、受到迫害的严重程度如何，以及他的人生观是否非常洒脱。我们只是略有把握，某种形式的自我防卫在这个受害群体中比在另一个中更普遍。接下来我们会举例说明。

## 过度关注

在美国各地，黑人公民在走进商店、餐厅、电影院、酒店、游乐园和学校前，在搭乘火车、飞机或轮船前，很少不会担心自己会受人轻贱和侮辱，更不必说到白人家里拜访了。当然，如果去旅行时不知道当地有色人种的安全聚集场所，这种如影随形的焦虑就会更加强烈。从早到晚，黑人都无法摆脱脑海中这种种族的框架，无从逃脱。

遭受偏见的少数群体成员，最常见的感觉就是缺乏安全感。

警惕是自我防卫的第一步。被迫害的人必须时时刻刻处于防守状态。有时，敏感会发展成疑神疑鬼：哪怕是蛛丝马迹都能让人激动。

相较于主流群体的成员，少数群体的成员因自身处境要做的适应是前者的好几倍。

当然，少数群体的成员或许会对种族问题过度关注，所以每次跟主流群体的成员接触时都不免疑忌颇多。由此而来的结果就是"剑拔弩张"。他可能会想："我们已经被伤害了这么多次，所以必须首先就得学会保护自己，不能相信会给我们带来伤害的群体，不能相信他们中的任何一个。"由此看来，警惕和高度敏感都是少数群体自我防卫的形式。

## 群体成员身份的否认

作为受害者，最简单的反应可能就是否认自己是受歧视群体的成员。有些人可能肤色、外表或口音正常，有些人实际上对所属群体没有丝毫忠诚或依恋，对于他们来说，否认自己的群体身份很轻松。或许从亲缘论，他们只是继承了一半、四分之一或八分之一的血统。一个黑人的肤色或许浅到足够像白人一样"通行无阻"。逻辑上讲，他此举也无可厚非，毕竟他身上的白人血统比黑人血统更多。否认自己群体成员身份的人可能是坚定的"同化主义者",并且认为所有被区别度影响的少数群体的成员都应该尽快放下自己的身份。然而,拒绝忠于所属群体的人往往内心相当煎熬,或许会觉得自己是整个种族的叛徒。

一名犹太学生懊悔地承认,为了隐藏自己犹太人的身份,他聊天时偶尔会开犹太人的玩笑,尽管没有什么恶意,但却传递了非犹太人那种不友好的态度。

对群体成员身份的否认或许是永久的,比如改信另一种宗教,或顺利成为主流群体的一员。有的否认是迫于情势而为,是暂时性的,例如使徒彼得因一时情绪压力而否认自己是耶稣的追随者。还有一种否认是部分否认,比如移民会发现换个英语名字会更方便。一个黑人或许会想办法把头发弄直,这并不是因为他真的想被"放行",而是因为象征性地逃避自己被人迫害的特征,从某种程度上能带来象征性的满足感。

对成员身份的刻意否认和一个人必须顺应主流群体而进行的正常调整,有时很难区分。一个波兰移民特意学习英语并不一定是否认自己的波兰血统,但肯定会降低波兰血统在自身生活中的相对重要性。他是正处于从一个群体成员身份到另一个的过渡阶段,就算没有想要背弃先前所属群体的意愿,但走向同化的每一步,实际上都是对原本成员身份的一种"否认"。

## 退缩和被动

在遥远的过去，奴隶、囚犯、流亡者都会以被动默许的方式来掩盖自己真实的感受。他们将自己的怨怼隐藏得如此之深，毫无破绽，表面上看似乎对自己的命运很是满足。满意的面具就是他们的生存之道。

在有些情况下，对遭受严重威胁的少数群体来说，被动默许是唯一的出路。抗拒和反击一定会带来更严厉的惩罚，个体本身或许会因为持续存在的焦虑和愤怒而罹患心理疾病。只要顺从对方，就能避免引人注目，也不必提心吊胆，更能悄悄将自己的生活分割为两个部分：一部分（更为积极）是与所属群体一起；另一部分（更为消极）则是在外部世界中。生活的两个部分看似矛盾，但大多数黑人的心理还是健康的——或许是因为默许是自我防卫较为有益的形式。通过退避和消极应对的方式，一个人可以换得某种程度的保护。

被动和退缩有各种程度。"沉默寡言"和"沉静自持"会打造出平静沉着的印象。很多人都非常欣赏这种美国黑人和东方人身上常见的特质。

"幻想"是退缩的另一种形式。在现实生活中，遭受歧视的人可能很难从自己的身份地位上获得满足。但一个人可以想象，也可以和自己的同伴畅想比现在更美好的生活。如同瘸腿的人会想象自己没有任何缺陷的样子，在受害者的想象中，他自身非常强大、英俊、富有，每天都衣着光鲜，社会地位很高，影响力巨大，开的车也非常气派。对于被压迫的人来说，白日梦是非常正常的反应。

诌媚奉承是不太讨喜的退缩方式。在主流群体成员面前，有的偏见受害者就像是奴隶一样毫无尊严。如果主人开玩笑，奴隶就要跟着笑；如果主人大发雷霆，奴隶就要畏畏缩缩；如果主人想听赞美，奴隶就要极力逢迎。

## 哗众取宠

如果主人想找点儿乐子，那么奴隶有时就要殷勤地扮演丑角。

通过扮演丑角来保护自己的方式，也会延续到内群体之中。黑人士兵之间有时会故意是用一种极端的"黑人语言"——越不讲语法越好。枉顾语法对他们来说似乎是一种乐趣，是内心沮丧的象征性出口。他们会自称"鬼魂"，这个词不只是自嘲，也有更深层次的意味。鬼魂不会受伤，不会受到歧视，不会遭到反驳，也不会被胁迫。无论你做什么，鬼魂都可以来去自如。就算粗鲁无礼，一言不发，鬼魂却也刀枪不入。少数群体的自嘲中都带着一丝惆怅，正如拜伦所说："我笑这凡俗世间，只为不再流泪。"

## 加强内群体的联系

如前所述，共同敌人带来的威胁并不是人类团结的唯一基础，但这是一种强大的凝聚力。比如，战时，一个国家的凝聚力是空前的。

但一般而言，遭受同样苦楚的人彼此会形成紧密的联系，抚平痛苦。外在的威胁会让拥有共同成员身份的人寻求团结，达到被保护的作用。二战期间，美国西海岸盛行"日本人就是日本人"，让第一代移居美国的日本人（生于日本）和第二代美国籍日本人（生于美国）形成了牢固的纽带，虽然这两代日本人在遭受歧视之前争执不断。

由此来看，"氏族主义"可能是遭受迫害的结果，哪怕施以迫害的人总是觉得这才是加害的**原因**。加州很少有人认为歧视性的法律和手段是日本人社区共同进退的原因。他们没有意识到，这些人之所以团结一致，就是因为在异国他乡的法律面前，他们无法与异族通婚，无法获得公民权，在职业和居住方面也四处碰壁。与此相反，加州人认为氏族主义是日本人的"天性"，如同"犹太人天性"一样。然而，在职业选择上，在居住地、酒店和度假村，少数群体的成员都会遭到排斥，那么我们不禁一问，如此看重氏族的究竟是谁？

"同类意识"这种天性或许根本不存在。孩子们都是后天学到的群体身份观念。例如一个五岁的黑人孩子总会否认自己是黑人——尽管他也知道其他小伙伴都属于这个受人轻视的群体。少数群体中的父母通常会反复思量，不知是否该在孩子年幼时就告诉他们，这个非自愿得来的成员身份会带来种种痛苦，也不知道是不是该让孩子先享受几年无忧无虑的时光，日后再经受巨大的打击——通常在八岁左右出现。

不过，无论孩子是否已经准备好面对打击，他们通常都能迅速学会从这种无法逃脱的身份中找到慰藉。父母会告诉孩子族群历史上的所有光荣事迹，让人宽慰的传说能够消解强加在其群体身上的"劣等"身份。"我们才是真正的优等民族，"孩子们会这样告诉自己，"而不是你们。"合理化的情况愈演愈烈：主流群体或许会被认为是野蛮的、粗鄙的、彪悍的，或者说是充满"病态"（即有偏见）的人。我们再次看到，受歧视的人会从自己的命运中设法获得内心的满足：被孤立代表自己的**重要性**得到了认可。受害者所表现出的骄傲自满和自以为是，程度并不亚于加害的一方，因为没有人真的认为自己低人一等。

因此，少数群体可能会发展出独特的向心力，在所属内群体中，成员可以嘲笑、挪揄加害者，歌颂自己的英雄，庆祝自己的节日，舒适安逸地一起生活。只要紧密凝聚在一起，他们就不需要被眼前的问题所困扰。此前，我们已经说过，少数群体中表现出的族群中心主义会比主流群体中的更多。我们现在已经得知了究竟。

偏私同族人是水到渠成的事。既然一个人的安全感主要来自内群体，那么对内群体成员的偏袒也理所应当。果真如此，关于氏族主义的指责就有了依据。对自己人有**支持性**偏见，是面对外群体偏见的正常反应。

## 面对外群体的指责

纵观历史，放眼世界，对外群体最常见的指责之一，就是他们不老实、奸诈、卑鄙。埃及的穆斯林对信奉基督教的科普特人、欧洲人对犹太人、土耳其人对亚美尼亚人，还有亚美尼亚人对土耳其人，都是如此。

这种指责的根源在于人类群体自古以来的道德双标。人们得到的预期就是，对待自己人要比对待外群体的人更好。原始人的惩罚通常只会施加在欺骗自己族人的人身上，他们也认为欺骗外人是应该的，值得赞扬。就算在文明时代，我们也能看到双重标准的存在。比如，游客会被多收费；出口商会理直气壮地向海外出口劣质商品。

如果偷奸耍滑才能够生存，那么欺骗外人的倾向就会加剧。

"卑鄙"的特质也可能导致他们在微不足道的小事上寻求报复，这是弱者对强者的偷袭。例如黑人厨娘会从白人女主人的厨房"顺"走食物，这不仅是出于实际的饱腹之需，也带有象征性的报复意味。狡猾不止局限于偷窃这种形式，也包括各种各样的伪装。一个人为了生存和报复，会不惜阿谀奉承、迎合谄媚、接受他人的小恩小惠、出尽洋相，这些都会贬低人类互动的道德标准。

遭受偏见的受害者，出现这样的反应可谓合情合理，但让人奇怪的是，这种情况实际并不常见。

## 认同主流群体：自我厌恶

受害者也有可能发展出一种更微妙的心理机制，即比起假装迎合更"优越"的人，他实际上真心认同他们，并会从对方的角度看待自己的群体。这种心理机制可能会成为同化主义者发愤图强的支撑，此外，个体的生活条件、风俗习惯和言谈举止与主流群体无异的时候，他也就会完全迷失在主流群体中。让人百思不得其解的是，有些受害者虽然完全不可能实现同化，但心理上仍然认同主流群体的做法、观点和偏见——他对自己的处境认命了。

失业者的遭遇或许可以帮助我们理解上述心态。研究显示，在 20 世纪 80 年代经济大萧条期间，美国很多失业者都对自己的处境深感羞耻，为自己的穷困潦倒深感自责。在大多数情况下，哪怕是最匪夷所思的情况，我们都不能把贫穷怪在失业者头上。然而，羞耻感真实存在。其中最主要的原因就是，在西方文化中，我们秉持着个人责任的信条。自己的世界由个人塑造，或者说我们是这样认为的。如此一来，移民就会为自己不标准的口音，社交场合的不自如、不优雅，以及不够高的教育水平而**感到羞愧**。

由于无法摆脱自己的所属群体，个体也会真真切切感受到对自己的痛恨——至少说痛恨自己有群体特征的部分。更可怕的是，他们还可能因为自己有这样的感觉而痛恨自己，为此饱受煎熬。这种撕扯的思维状态可能会让他们犹如惊弓之鸟，手足无措、"神经兮兮"、一直缺乏安全感。这些不愉快的心理特质会加剧他对自身身份的憎恶，深化内在的矛盾，形成永无止境的恶性循环。

## 对所属群体的敌意

假如憎恨明显只是针对所属群体的其他成员，我们就可以想见，该群体内部将出现各种纷争。有些犹太人也会叫同胞"犹太佬"——把整个族群都遭受的反犹主义都怪罪在这些人头上。如果群体内有成员想要撇清关系，否认群体整体遭受的歧视与自己有关，就会导致群体内部形成不同阶层，如"有蕾丝窗帘"的爱尔兰人会瞧不起"住房简陋的爱尔兰人"，富裕的西班牙人和葡萄牙犹太人长久以来都认为自己才是站在希伯来民族金字塔顶端的人。

黑人群体内的阶层格外明显。他们通常会通过肤色、职业和教育程度来划分等级。可以想见，上层黑人会将族群所处不利地位的责任转嫁到下层黑人身上。在封闭且艰苦的军旅生活中，肤色深的黑人士兵总会针对肤色浅的黑人战友，因为浅肤色的黑人看起来跟白人种族更相像。此外，浅肤色的黑人则会刁难深肤色的"黑鬼"，因为对方"懒惰"且"愚蠢"。

由此可见，内群体本就因劣势地位而敏感的关系通常会变得更为紧张。采取了某种防卫手段的成员，或许会因为同胞采取了另一种防卫手段而心怀不满。几乎在每一个群体中，希望摆脱群体身份并设法融入主流文化的成员都会遭到同胞的敌视。他们会被认为是"傲慢自大""讨好求宠"，甚至会被当作叛徒。

的确，如我们所见，危难当头、情况紧急时，内群体成员会放下敌意，团结一致。但如果外界的偏见只是在"正常"水平，我们就会发现，内群体会相互拌嘴是自我防卫的额外代价。

## 对外群体的偏见

当然，偏见的受害者也会把自己遭受的痛苦施加在别人身上，被剥夺了权力和地位的人，都渴望权力和地位的滋味。如果被上位者欺辱，那么被欺负的人可能就会依样攻击看上去比自己更弱小、更低等，或对自身有威胁的人。

无论受害者是对外群体有直接的敌意，还是会把仇恨转移到外群体身上，主要都是出于个人的沮丧和愤怒，不过，他的偏见还有其他原因。有了偏见，受害者就能获得慰藉，哪怕与主流群体的连接相当微弱。

## 同情

此前提到的防卫机制，在很多偏见受害者身上完全没有出现，甚至会有相反的情况。

**遭受迫害后，个体的偏见很难维持在正常的水平**。宽泛而言，受害者会在两种方式中择一而为：他要么会加入弱肉强食的世界，用自己受到的方式对待别人；要么会有意识地刻意避开上述倾向。这类受害者会明智地说："这些人都是受害者，和我一样，我应该跟他们同仇敌忾，而不是攻击他们。"

# 反击：动用武力

到目前为止，我们还没有提到过少数群体成员在拒绝"忍受"时可能采取的一种简单反应。他们可以随时反击，挫败会滋生敌意。

少数群体成员会不断抗议，这一点不难理解。他们的回应就是反击，只是有时会过于激进，甚至所述群体的成员都不会感激。可如果不是存在这样激烈的行动，真正的改革就不会发生。

有些偏见的受害者意识到暴力毫无意义，便会加入承诺要改变现状的政治组织或行动派。因此，移民群体大多会在左翼政党中占有一席之地。

# 奋发有为

面对挫折时，一个人会加倍努力，这是一种健康的反应。我们钦佩身残志坚、克服缺陷的人。在西方文化中，这种对劣势的直接补偿是人们最为推崇的。相应地，有些少数群体的成员会将自己的劣势当作需要额外付出努力而克服的障碍。工作一天之后，有些移民还会去夜校学习美国人的说话方式和思维方式。在每个少数群体中，很多个体都会采取这种直接、有效的补偿模式。

很多犹太人的生活模式似乎就是如此。由于意识到所有犹太人都处于困境，他们有时会敦促孩子在学习和工作方面比竞争对手更努力，赢得公平竞争的机会。他们认为，要是犹太人想成功，就必须比非犹太人准备得更充分，学习成绩更好，经验更丰富。毫无疑问，犹太人重视学术和研究的传统，更是强化了这种面对偏见而产生的反应。

通过这种调整模式以求适应的受害者，通常会得到虚情假意的赞美，也可能因为过于勤奋而遭人谩骂。但无论如何，他们选择了公开竞争："我愿意参与竞争，接受你们设置的障碍。放马过来吧！"

## 争取象征性地位

相较于这种直接、有效的方法，有些偏见的受害者会选择迂回的方式来争取社会地位。少数群体的成员可能会尤其偏爱浮夸、盛大的场面，比如，在军队中，黑人士兵就特别看重阅兵式，喜欢锃亮的鞋子，笔挺的军装，以及所有象征优秀士兵的标志。这些都是地位的象征——而地位对于黑人来说是稀罕物。在移民群体的游行、庆典，甚至葬礼上，我们有时也可以看到类似的隆重打扮和自豪的神情。他们会浮夸地展示身上的珠宝，驾驶豪车，仿佛是在说："你们老是瞧不起我，现在都看清楚。我有那么不堪吗？"

类似的"替代性补偿"或许会带来性征服方面的强烈欲望。被鄙视的少数群体成员或许会在性活动中找到掌控、自信、自尊的感觉，认为自己和那些趾高气扬的人平起平坐，甚至比他们更高一等了。黑人似乎并不介意被贴上性活跃的标签，将之当作赞美，毕竟在很多其他方面，他都觉得自己被"阉割"了。无论性开放是否真的是黑人或其他少数群体成员的群体特征，重点在于就连一个名声都可以带来象征性的地位满足感。

另一种争取象征性地位的出奇案例是言语上的辞藻堆砌。被剥夺了社会地位的人会觉得，如果在谈话中加入一些虚无缥缈的大话，就能提升自己的社会地位。有些人面对高学历、可望而不可即的人，为了掩饰自己的教育程度的不足，会刻意使用句式精巧、辞藻华丽的语言（哪怕偶尔也会误用），却不想会弄巧成拙。

## 神经官能症

遭受歧视的受害者要面对很多内在的冲突，我们难免会想要了解他们的心理状态。有证据表明，犹太人的神经症患病率更高一些，黑人患高血压的概率更高。然而，整体而言，少数群体的心理健康水平与整个社会的平均值并没有太大差异。

若要概括偏见受害者的心理状态，那就是他们都学着在一种轻微解离的状态下生活。只要能在所属的内群体中来去自由，行事随心，他们就能设法忍受（和忽略）外界的冷漠。此外，他们会逐渐适应略带分裂的生活模式。

然而，偏见的受害者最好有所警惕。由于外界刺激的不断侵扰，他们很可能要采取本章提到的一种或多种防卫模式。有些模式比较好实践，也很有效，有些则会带来麻烦，将人们推到防卫机制中精神崩溃的边缘。认识隐患，就是朝更成功的生活前进。

相应地，占优势地位的主流群体也应该从中有所领悟。个体的自尊受到伤害才有可能会发展出自我防卫的特质，有些这样的特质会让人反感。他们应该认识到，这是歧视待遇带来的后果，而不是歧视他人的理由。

不过，与其从神经官能症补偿机制来理解受害者，倒不如从他们边缘化的生活去理解——他们时而被接纳，时而被排斥。莱温将受害者的命运与青春期的状态相比：青少年永远无法确定自己是否会被成年人主导的世界所接纳。他们遭受的摧残和压力会带来紧张和焦虑，偶尔也会引起非理性的情绪爆发。为了成熟地调整自己，一个人必须首先属于一个明确的世界。很多少数群体的成员从没有被完全接纳，也从未被允许正常或自如地参与社会。和青少年一样，他们没有归属此处或彼处，而是社会边缘人。

## 自证预言

让我们回到本章开头提出的观点：外界的评价会在一定程度上塑造我们的人格。如果孩子被认定是"天生的小丑"，并因此被宠爱、被赞美，他就会多学几招，最后成为真正的小丑。如果一个人进入某个群体，认为群体中的人都对自己有敌意，他可能就会表现出防备，攻击别人，继而招致真正的敌意。如果我们预先认定家里新来的女仆偷盗，哪怕这并不是事实，女仆也可能就会因为受辱而报复，真的去偷盗。

对他人某种行为的期望会通过无数种方式刺激该行为的出现，罗伯特·默顿将这种现象称为"自证预言"。这让我们注意到人际互动时的相互作用。通常，我们认为外群体只是拥有某种特质，内群体对这些特质抱有特定的错误印象。但事实上，二者会相互影响。我们感知他人特质的方式一定会对他人会展现出的特质产生影响。当然，这并不表示我们对受憎恨群体的所有负面印象都最终会导致对方发展出让人厌恶的特质，来验证我们最糟糕的预期。相反，这很可能意味着，我们让人不愉快的看法会引起对方让人不愉快的反应。恶性循环就此形成。除非刻意停止这种互动的模式，否则双方的隔阂将越来越大，也会为偏见的合理化提供土壤。

不只恶性循环，自证预言也可能带来良性循环。包容、欣赏和赞美都会带来友善的行为。一个受到群体欢迎的局外人很可能会做出切实的贡献，因为这是他根据自己的内心做出的反应，而不是仅仅带着防备心。在所有人际关系中——家庭关系、种族关系、国际关系，"预期"都蕴含着巨大的能量。如果我们预期他人是邪恶的，就很可能挑起对方的恶行；如果我们认为他是善良的，就能引起对方的善行。

第三部分

# 对群体差异的感知与思考

# 第十章　认知过程

如前所述，群体差异是一回事，我们如何感知、看待群体差异是另一回事。我们在第二部分详细讨论过了**刺激物**本身——外群体的特征。现在，我们要探讨的是我们在遇到刺激物时的心理历程及其背后的意义。

我们的所见所听其实都无法将信息直接传达给我们。对周遭环境的影响，我们总要经过选择和解释。有些信息可以通过"外在之光"传递，但信息的含义和意义大部分则由"内在之光"赋予。

我望向窗外，一棵樱桃树正随风摇摆。风将叶片吹得翻飞，露出浅色的后背。这时，樱桃树反射的光波刺激了我的感觉器官，将信息传递给我，但我却说："或许今晚会下雨。"因为我从别处听过，树丛或树木被吹得叶片都翻过来，就预示着要下雨。

我感受到的，我察觉到的，以及我所思考的内容，会融合成单一的认知行为。整个复杂的过程就是丰富的认知过程。

重要的是，我们千万不可以误认为自己可以直接感知群体特征。

## 筛选、强调和诠释

感知—认知的过程对"外在之光"有三重独特的操作：筛选、强调和诠释。

假如我与学生甲接触过十次。每次他交上来的作业或发表的评论在我看来质量都不高。我由此判断他能力不足，继续学业也徒劳无功，所以应该在这个学年结束时退学。

我对证据进行了筛选，将注意力放在表示能力不足的相关迹象上，这也是老师非常敏感的方面。此外，我还会强调这些迹象的重要性，刻意忽略甲同学身上的很多优点和他的魅力，对我与他的这十次学术上的接触看得很重。最后，我对这些证据进行了诠释，归纳出他"学术能力差"的判断。这个过程听上去比较合理，因此最后得出的所有判断都是合理的。我们可以说，这个案例中的老师做到了"有理有据"。但老师的做法可能有失偏颇，谁能预料第 11 次或者第 12 次时不会有相反的证据出现？整体而言，老师已经尽己所能筛选最相关的证据，根据自身的教学经验强调证据的重要性，最后尽可能明智地对当前的处境进行诠释。

## 导向性思考和自我中心思考

基本而言，思考是对现实尽力做出预判的方式。通过思考，我们想要预见后果，计划行动，一来避开对我们有威胁的事物，二来实现自己的希望和理想。思考并不是被动的，它完全是"记忆—感知—判断—计划"的主动历程。

一旦思考有效地用于预测现实，就被称作**推理**。如果一个人的思考能切实推动他朝向重要且根本的人生目标前进，能够尽可能调整适应刺激对象的已有客观特质，我们就可以说这个人是在推理。当然，推理过程中也不免出错，但如果整体方向是以现实为本，我们就可以确定，他的思考基本具有理性的特征。这一正常的解决问题的过程通常被称为"导向性"思考。

我们可以引用一项S. B. 塞尔斯进行的实验。这项实验是为了研究人们从三段论进行推理的能力。三段论是导向性思维中的简单逻辑问题。受试者要完成的三段论中，有一个与黑人有关。以下是两个例子：

·如果很多黑人都是著名运动员，且很多著名运动员都是民族英雄，那么很多黑人都是民族英雄。

·很多黑人是性犯罪者，而且很多性犯罪者都感染了梅毒，那么许多黑人都感染了梅毒。

塞尔斯这项实验的受试者都是学生，他们要判断逻辑三段论是真还是假。

在上面的两个例子中，三段论都是错误的（如果前提中出现"很多"这种词，那么最后推导出来的结论都为假）。无论是否接受过逻辑方面的训练，毫无偏见的人对两个例子的判断都一样，要么同为真，要么同为假，毕竟这两个例子使用了同样的陈述方式。

结果表明，虽然大多数学生对两两一组的三段论论证都能给出一致的判断——认为两个三段论同为真或同为假，但有一部分学生仍然认为第一个三段论为真，第二个为假。这些学生在态度测验中大多表现出支持黑人的态度。也有一些学生认为第一个三段论为假，第二个为真，这些学生中的大部分持排斥黑人的态度。

这项实验表明人们在对待纯粹的客观问题时也会采用自我为中心的方式进行推理，最后推导出符合个人喜好和个人预判的结论。这个实验也表明，支持黑人的偏见和排斥黑人的偏见一样，都会扭曲推理的过程。

以自我为中心的思考通常会伴随着合理化的过程，因为人们不愿意承认自己的想法具有以自我为中心的思考。

事实上，他们通常不会意识到这一点，尤其不愿意承认自己的推理中包含了偏见。

推理和合理化有时候很难区分，尤其是推理和合理化中出现的错误。"合理化"这个词的使用应该谨慎，只能用于

"以明显错误的理由为以自我为中心的思考辩解"的情况。

合理化难以探知的原因之一在于它一般遵循以下原则：(1) 合理化符合某些已被接受的社会规范；(2) 合理化惠及可能接近公认的逻辑准则。尽管这不是真正的理由，但至少是不错的理由。

## 因果思维

无论是运用导向性思考还是以自我为中心的思考，我们都可以持续尝试构建一个有秩序、可掌控且相对简单的世界。外在现实本身杂乱无章——充满各种不确定的含义，因此，为了生活，我们不得不**简化**一切，维持感知的稳定。同时，我们极度渴望**解释**，不喜欢悬而未决的事物。万物在事物秩序中各居其位才对。就连小孩子都会问："为什么？为什么？为什么？"

对于每一个可能提出的问题，世界上的每个国家都给出了答案，回应我们对意义基本的渴求。没有哪个国家最终会这样回答："我也不知道。"世界上有各种关于创世纪的神话、人类起源的传说还有各种知识大全。山穷水尽之时，我们总能找到某种宗教，引导人们走出一切困惑。

这种基本需求对群体关系具有重要影响。我们倾向于认为原因是人应予负责的东西。归根结底，创造世界、整顿秩序的是神明，带来邪恶和混乱的是魔鬼。

正因如此，我们总会将自己的挫折和不幸对外归因，尤其是将罪责怪在某个人头上。除非努力加以克制，否则这种奇怪的习惯很容易让我们陷入偏见。尽管在现实中，我们遭遇的挫折和不幸往往源于非人为因素——经济环境的改变、社会和历史的变迁等，但我们必须充分意识到这个事实，否则就会滑入将命运归咎于某个具体的人的习惯。

## 最省力原则

医生或许不会像普罗大众一样为关节炎、蛇咬伤或阿司匹林的效用而迷惑，但在涉及政治、社会保险或墨西哥人的问题上可能就会倾向于过度归类了。生命何其短暂，我们无法对每样事物都形成个别化的概念。几条**捷径**就能让我们平稳度日。一旦发现某款车足以匹配自己的需求，我们就可以把其他车归类为"相形见绌"的外界类别，由此生活就会变得简单高效。显然，这条原则也适用于群体关系。

并非所有的简化都是有害的。重点仅在于，如果不需要对类别进行细分，生活就会轻松许多。只要认为某个群体的所有成员都具有同样的特性，那我们就不必大费周章一一了解每个个体。

在群体归类方面，最省力原则带来的结果之一就是形成了本质信念，所谓"东方灵魂""黑人血统""雅利安主义""天赋异禀美国人""逻辑严谨德国人""热情似火拉丁人"等等，都是有代表性的本质信念。最省力原则最终会走向"非黑即白"的价值判断。

## 偏见人格的认知动力学

宽泛而言，抱有偏见的人和包容的人相比，二者的认知过程整体上有所不同。换言之，一个人的偏见并不仅仅是对特定群体的特定态度，更像是反映了他对所处世界的整体思维习惯。

一方面，研究表明，抱有偏见的人通常会做出两极化的判断。这样的人在思考自然、法律、道德、两性以及族群问题时，总会采用二元论。

另一方面，抱有偏见的人并不喜欢差异化的类别，而更喜欢专断型的类别。由此，他的思维模式比较僵化。他不会轻易改变自己的心理定势，只是坚持采用陈旧的推论方式——无论这种推论是否适用于人类群体。他对于确定性有强烈的需求，不允许自己的计划中存在模糊之处。他在归类时，并不追求也不重视"决定性"特征，反而会将诸多"干扰"特质摆在同样重要的位置。

# 第十一章　语言因素

## 被切分的名词

在人类的经验世界中，大约有 25 亿粒沙子可以对应到"人类"这个类别，但我们的思维根本无法处理这么多独立的实体，也不能对每天遇到的数百个人进行单独了解。所以，我们必须对他们进行分组分类。由此，我们乐于接受能够有助于实现分类的名称。

"名词"最重要的性质就在于可以让我们将许多沙粒放进同一只桶里，甚至忽略了同样的沙粒也可能被放进另一只桶的事实。严格而言，一个名词会从确凿的事实中**提取**出某个特征，之后只根据这一特征，将不同的确凿现实聚集在一起。单单这种分类的方式，就迫使我们忽略所有其他的特征，但相较而言，被忽略的特征或许才是更适合的分类依据。

类似"盲人"这种标签十分醒目且强大，能排除其他分类，甚至也会排除交叉分类。民族标签通常也属于这一类型，尤其是这种标签涉及高度可见特征的情况，如黑人、东方人等。它们与指明某些明显缺陷的标签类似——"弱智""残障""盲人"等。我们将这种符号称为"**首要效力标签**"。这些符号就像尖叫的警铃，让人无法感知所有其他情况下可以被感知的细微差别。

大多数人都没有意识到语言的一项基本法则——贴在一个人身上的每一个标签，都只会恰当反映这个人本性的一个方面。你可以说某个人是一个中国人、一名医生或一名运动员，这样的描述是正确的。一个人可能同时具备这些特征，但可能只有中国人这个标签会在你脑海中凸显出来，作为首要效力标签。然而，无论是这个单独的标签还是其他归类的标签，都无法表示这个人的全部本质。

因此，我们使用的任何标签，尤其是具有首要效力的，都会分散我们对确凿现实的注意力。这个活生生的、会呼吸的复杂个体已消失不见。标签不成比例地放大了某种特质，掩盖了个体其他重要的属性。

人类学家玛格丽特·米德表示，若把首要效力标签从名词换作形容词，其影响力就会弱化。当我们说黑人士兵、信奉天主教的教师或犹太艺术家时，注意力就会转移到其他群体类别上，这种类别与种族类别或宗教类别同样重要。我们拥有至少两种特质用于了解这个人，肯定比单方面的了解更准确。当然，如果真正把它当作一个个体来理解，就必须发现更多特质。米德的建议非常实用，我们可以用形容词来表示民族和宗教身份，而非名词。

## 情绪性标签

很多类别都有两种标签：一种是非情绪性的，另一种是情绪性的。你看到"老师"和"老学究"这两个词会有怎样的感觉？显然，第二个词会让你联想到更严格、更无理、更难相处的人。可这个词只由三个简简单单的字组成：老—学—究，却让我们不禁一哆嗦，或是轻笑、蔑视。它们唤起的是一个干瘦、不懂幽默、古板又易怒的老家伙形象，却没有展示出对方也是一个个体的人，也有自己的忧愁与悲伤。但就凭这几个字，我们就马上把这个人归入不受欢迎的类别中。

跟肤色相关的标签最常见。毫无疑问，"黑"与"黄"在不同人的对话里被赋予了不同的意义。黑色天鹅绒让人喜欢，巧克力和咖啡也都是黑色的；黄色郁金香让人着迷，太阳和月亮也都散发着黄色的光。然而，大多数人都没有意识到，大多数跟"肤色"相关的词语都带有沙文主义色彩。很多我们熟悉的短语都暗含了优越感：在黑人区招摇过市、白人希望，还有黄祸。无论使用这些词语的人是否意识到，我们每天使用的诸多短语其实都带有偏见的色彩。

不难理解，少数群体的成员通常对别人起的外号分外敏感。他们不仅抗拒明显带有侮辱性的外号，有时甚至会解读出并不存在的恶意。由于主流群体总是下意识地使用这些外号，再加上少数群体成员对这种称呼尤其敏感，产生误解也就不难理解了。

## 语言现实主义和符号恐惧症

大多数人并不喜欢被贴上标签，尤其是带有贬义的。让人讨厌的标签或许适合贴在别人身上，但不适合我们自己。

斯塔格纳和哈特曼的研究表明，一个人的政治态度实际上足以让一个人被冠上法西斯主义者之名，但这个人仍会断然否认这些负面标签，也不支持任何公开宣扬这些理念的运动或候选人。简单而言，这是与**符号现实主义**相对应的**符号恐惧症**。一旦涉及我们自己，我们就倾向于后者，即使"法西斯主义者""盲人""老学究"等词实际上并没有太多批判的意味。

如果符号引发了强烈的情绪，那么符号有时就不会再被当作符号，而是实际的事物。类似"混蛋"和"骗子"这种词，在我们的文化中通常会被当成"挑衅词语"。如果更温和更隐晦地表达轻蔑，人们或许可以接受。但在特定情境下，这种字眼本身必须"收回"。我们当然无法通过让他收回字眼来改变他的态度，但如果这个词本身被禁用，似乎在一定程度上还是重要的。

这种语言现实主义或许会走向极端。

这种将文字具象化的倾向，凸显了类别和符号之间的紧密联系。有些人只要听到"黑人""犹太人"，就会陷入恐慌或者因此大怒。谁能说清究竟是这个词本身还是它所指代的事物让他们恼火？标签是任何专断类别不可缺少的一部分。因此，要想消除一个人的种族偏见或政治偏见，就必须同时消除这个人对特定词汇的执念。偏见在很大程度上是由语言现实主义和符号恐惧症引起的。因此，任何旨在降低偏见的方案都必须包含大量的语义治疗。

# 第十二章　美国文化中的刻板印象

为什么很多人崇拜亚拉伯罕·林肯？他们可能会说这是因为他勤俭节约、兢兢业业、渴求知识，有雄心壮志，致力于为维护每个人的权利而奋斗，沿着机遇的阶梯向上爬，最终功成名就。

为什么很多人不喜欢犹太人？他们可能会说这是因为犹太人吝啬抠门、喜欢内卷、搜刮知识，有十足野心，咄咄逼人而且爱走极端，沿着机遇的阶梯向上爬，最终得到一切。

瞧，同样的人格特质出现在林肯身上就让人钦佩，出现在犹太人身上就让人嫌恶。

这个例子告诉我们：刻板印象本身并不能完全解释人为什么会排斥某些群体。刻板印象就是个体关于某一类别最原始的形象，用来合理化其爱的偏见或恨的偏见。这是偏见的重要一部分，但并不是偏见形成的唯一原因。

## 刻板印象与群体特质

既然形象显然有其**出处**，那么就可能来自与某类对象多次接触的经验——正常情况下也应该如此。如果我们是根据一定概率而推导出判断，说明某个类别的对象具有某种属性，那这就不是刻板印象，而是判断。并非所有对民族或国家性格的估计都是凭空想象的。对一个群体可靠的评价也跟刻板印象不同，因为后者是经过筛选、强调和捏造而得到的。

刻板印象可能会无视**任何**证据而发展成形。

比如，在加利福尼亚州弗雷斯诺县，人们对亚美尼亚人曾有"不诚实、总说谎、爱骗人"的刻板印象。拉皮耶进行了一项研究，查证是否有客观证据能证实这种观念。结果发现，根据商会记录，亚美尼亚人的信用评级和其他群体完全一样。此外，亚美尼亚人较少向慈善机构申请救助，也很少牵涉法律诉讼。

既然所有证据都不支持当地居民的看法，那么我们难免生疑，"不诚实、总说谎、爱骗人"的刻板印象又是从何而来？虽然并不是完全确定，但亚美尼亚人外观上与犹太人有些相似，所以原本通常属于犹太人的特质就被转移到了亚美尼亚人身上。也有可能是有少数人曾经跟附近的亚美尼亚商贩有些不愉快的经验。经过筛选、强化这些记忆，不愉快的经验被过度概化。无论何种情况，总归这种刻板印象是没有实际依据的。

当然，其他刻板印象或许确实有一定依据。历史上有些犹太人就赞成把耶稣钉在十字架上。刻板印象更强化了这一事实，直到现代，整个犹太群体还是被称为"杀害耶稣的凶手"。

有些刻板印象完全没有事实佐证，还有一些刻板印象则是对事实的强化和过度概化。一旦刻板印象形成，人们就会用现有类别来看待后续出现的证据。有了随手可用的刻板印象，人们就会对犹太人很精明和黑人很愚蠢的迹象格外敏感。

## 定义刻板印象

无论是正面还是负面的，**刻板印象就是与类别相关的、被夸大的信念，其作用就是合理化人们对该类别的所作所为。**

沃尔特·李普曼最早将刻板印象称为"脑海中的意象"。在现代社会心理学中，这一概念的确立、利用归功于李普曼先生。然而，他的形容虽然非常到位，但在理论上的论证却稍显松散。比如，他就将刻板印象和类别混为一谈。

刻板印象不等同于类别，而是伴随着类别而产生的固定观念。例如，"黑人"这个类别在脑海中就是中性的、实在的、非评价性的概念，仅仅指代某一种族。然而，如果这个类别最初就带有各种"意象"，带有黑人就是"喜欢音乐、懒散、迷信"或相反的评判，刻板印象就产生了。

由此可见，刻板印象并不是类别，通常是类别上的固定标记。如果一个人说"所有律师都不诚实"，那他所表达的就是对该类别带有刻板印象的概化。这种刻板印象本身并不是概念的核心，但却阻止人们对这个概念进行差异性思考。

刻板印象既是一种全盘接受或排斥某一群体的合理化工具，也是一种挑选或过滤工具，保证感知和思考的简洁性。

我们必须再次指出真实存在的群体特征非常复杂。刻板印象未必完全不正确，如果我们说"爱尔兰人比犹太人更爱喝酒"，这其实是根据概率做出的正确判断；然而，如果某些人说"犹太人都不喝酒"或"爱尔兰人都是酒鬼"，那我们就是夸大了事实，进而形成了未经证实的刻板印象。只有掌握了真实群体差异存在的切实数据，我们才能将有效概化和刻板印象相区分。

## 大众传媒与刻板印象

我们已经提到，刻板印象有可能以某种事实为基础，也有可能不是。它们有助于简化类别、合理化敌意，有时也是个人内在冲突的投影。不过，刻板印象的存在另有一个相当重要的原因：社会支持刻板印象的存在，并且通过大众传媒手段，如小说、报纸文章、电影、戏剧、广播和电视等，一再唤醒和深化那些刻板印象。

1944 年战争期间，作家战时委员会在哥伦比亚大学应用社会研究所的帮助下，对大众媒体塑造的"定性角色"进行了广泛研究。

该研究分析了 185 篇短篇小说，发现超过 90% 的人物——几乎是所有声名显赫的人物——都是盎格鲁－撒克逊人，而仆人、骗子、小偷、赌徒、非法夜店老板等不讨喜的角色，则很少是。此外，一般而言，"这些虚构人物的行为信手拈来就可用于'证明'黑人是懒散的，犹太人是狡猾的，爱尔兰人很迷信，且意大利人总是犯罪"。

在分析了 100 部涉及黑人角色的电影之后，研究发现其中有 75 部电影在塑造黑人角色时都带着轻蔑和刻板印象，只有 12 部电影中的黑人角色能给观众留下好印象。

近期诸多研究都发现，大众媒体在相关政策上有了显著的改善，部分原因在于少数群体都不再如以往一样保持沉默，而是纷纷抗议。抗议的浪潮渐高，一名好莱坞的导演甚至说，他现在只敢让美国人演反派形象。

在大众媒体上，针对刻板印象的抗议不断涌现，有时甚至会走向极端。1949 年，英国电影《雾都孤儿》引起了不少争议。在狄更斯著名的小说中，费金这个犹太人显然是刻板印象的体现。由于电影上映前的抗议活动，美国各地下架了这部电影。此外，有些人反对学校讲授《威尼斯商人》，担心如果对夏洛克这个人物形象讲解不够深入，就会误导年轻人形成刻板印象。儿童读物《小黑人桑波》也不受欢迎，因为书中的黑人小伙子很愚蠢，不仅丢了衣服，还吃了不少松饼。也有人认为《木偶奇遇记》是不良读物，因为书中将意大利人和"刺客"紧密联系在一起。诸如此类，不胜枚举。或许，努力阻止每个人脑海中形成刻板印象并非明智之举，更好的方式是提升一个人的思辨能力，用辩证思维来思考刻板印象。

学校使用的教科书更是受到了严格的审查和批评。一项不同寻常的全面分析认为，在三百多本教科书中，很多对少数群体的描述都长期存在负面的刻板印象。这种疏漏并非出自恶意，而是因为教科书的作者无意间就采用了主流文化的传统观念。

## 刻板印象随时代变迁

我们此前提到，有证据表明，大众媒体中的刻板印象正逐渐弱化。此外，似乎学校跨文化教育的兴起也影响了当今学生对民族成见的态度。总而言之，与父母一代相比，年轻一代的刻板印象或许已经没有那么深了。

普林斯顿大学进行了两项研究，间隔 18 年，研究结论虽然说服力有限，但确实非常有启发性。1932 年，卡茨和布莱利让大学生们在 84 个表示性格的形容词中，选出 5 个他们认为最能体现德国人、英国人、犹太人、黑人、土耳其人、日本人、意大利人、中国人、美国人和爱尔兰人的词。

1950 年，在同一大学任职的 G. M. 吉尔伯特遵循同样的程序再次进行了上述调查，受试者基本是在第一次调查进行的年代出生的。虽然其经济社会阶层与第一次接受调查的对象差不多，但其成长的社会环境却非常不同。两项调查中，受试者大多都是南部人。

这项比较研究最引人注目的结论就是吉尔伯特所说的"消退效应"。对十个国家或民族群体的刻板印象虽然与 1932 年的类似，但明显大幅弱化了。

从偏见理论的角度来看，刻板印象的可变性非常重要。刻板印象会随着偏见的强度和指向而起伏变化。如我们此前所见，刻板印象也会顺应当时的会话情景。苏美两国在战争期间曾为盟友，当时，在美国人看来，苏联人总是刚强、勇敢、爱国。然而，不过短短几年，这种情况就变了，美国人认为苏联人凶狠、激进、好斗。同时，当时日本人（以及日裔美国人）的负面形象也发生了改变，且逐渐淡化。

　　我们现在有了进一步的证据支持本章开头的观点：刻板印象并不等同于偏见，只是主要的合理化手段和工具，迎合当下偏见的氛围和情景需求。在学校中改变人们的刻板印象，并通过大众媒体弱化刻板印象，固然有所助益，不过，单单这一项措施并不能彻底消除偏见的根源。

# 第四部分
# 社会文化因素

# 第十三章　社会结构及文化形态

如前所述，有些理论学家由于经过训练，且有自己的偏好，所以特别强调**文化因果**。历史学家、人类学家和社会学家都会对个体态度塑造的外在影响因素感兴趣，但心理学家好奇的是，各种影响因素如何与个体生活形成鲜活、动态的联系。这两个角度都是必需的。我们本章将着重讲解前者。

根据已有知识，我们可以说，无论在何时何地，偏见型人格往往滋生于以下条件：

· 异质性社会结构较高

· 存在垂直流动

· 社会急剧变化

· 存在无知和沟通障碍

· 少数群体规模庞大或逐渐扩张

· 存在直接竞争和现实威胁

· 通过剥削维护国家重要利益

· 调控激进行为的社会习俗趋于偏执

· 存在对族群中心主义的传统合理化方式

· 既不提倡同化也不提倡文化多元

# 异质性

只有相当多样化的社会，才会存在几种"可感知的警报"。在同质性社会中，人们的肤色、宗教、语言、穿着风格、生活水平都是一样的，鲜少有可见性太高以至于令人产生偏见的群体。

相反，多样化的社会中则存在很多差异（劳动分工——产生了阶级差异；移民——产生了民族差异；还有诸多宗教或哲学观点——产生了意识形态上的差异）。由于没有人能拥有所有既有利益，所以一个人的观点必然是有所侧重的。除了自身利益和成员身份，其他利益和成员身份都站在对立面。

在同质性高的社会中，只存在两种对立：（1）对外来者和陌生人都不信任；（2）孤立和排斥某些人。在同质性文化中，仇外是群体偏见的"功能等价物"。

有时候，一个社会可能会呈现出一种和同质性社会一样的固化。比如，在奴隶制存在的地方，就不会有特别明显的偏见。如果风俗习惯固化了人际关系，那么公然的摩擦就很少发生。主仆之间、雇主与雇员之间、牧师与受众之间固定的生活方式都是例证。社会中的活动、流动性和变化，才是会引起偏见的"活跃"异质性产生的条件。

## 垂直流动

在同质性社会中，或在阶级固化的社会中，一个人不会发现具有明显威胁性的差异。但即使一个固定制度（例如奴隶制）运作得相当平稳，为了让底层"安分守己"，社会中也依旧会存在一定数量的"焦虑"。日本等国家为了巩固上层阶级的特权，将之与下层阶级隔离开来，便实行了节约法令。由此，即便是在阶级体制固化的社会，偏见的痕迹依旧存在。

然而，一个社会中如果众人生而平等，且有国家纲领保障其平等的权利和平等的机会，就会出现截然不同的心理状态。就算是最底层群体的成员也会受到鼓励而提升地位，争取权利。这时，就会出现"精英流动"的现象。底层家庭可以通过努力和好运进入上层社会，有时甚至会取代之前的特权阶级。这种垂直流动既给社会成员带来了激励，也带来了恐慌。威廉斯曾指出，在美国，愿意且能够为"美利坚信条"的普遍主义价值观鞠躬尽瘁的人，主要是社会地位最稳固的群体（如专业人士、古老的富裕家族）。其他人实际上都会受到垂直流动的威胁——不进则退。

## 社会急剧变化

异质性和人们对向上流动的渴望造成了社会的动荡不安，进而很可能会引发民族偏见，且这一过程在危机时期似乎会加速。如罗马帝国倾颓之际，更多基督徒被置于虎口险境；美国发生战争的时候，种族暴动的频率显著增加（尤其是在1943年）；此外，每当美国南部棉花生意欠佳时，私刑就出现得更为频繁。一位研究者写道："纵观美国历史，本土主义的高峰与极端经济困难的状况呈正相关。"

在洪水、饥荒或大火等灾害发生时，迷信之声四起，恐慌情绪蔓延，其中不乏将灾难归咎于少数群体的传言。焦虑的蔓延，叠加生活预期的破灭，人们总想把自己的恶劣处境归到替罪羊头上。

## 无知和沟通障碍

多数消除偏见的方案都基于一种假设：越了解一个人，对他的敌意就会越少。这一点似乎不必证明，比如一个非犹太人越是了解犹太教，就越不会相信犹太人"杀人祭神"的传说；如果一个人知道天主教关于圣餐变体论的内涵，他就不会害怕天主教有"食人习俗"；一旦了解意大利语中很多名词都以元音结尾，那美国人就不会嘲笑意大利人说英语时的口音。此外，跨文化教育的主要目的就是减少无知，降低偏见。

这项假设是否有科学依据的支持呢？对这一点的调查研究可以上溯至十年之前，墨菲等人认为答案是肯定的。他们发现，对其他种族或群体的人了解得越多，就对他们越是友好。

近期的研究基本都支持上述结论，但同时也指出了另一项重要条件。尽管人们往往会对自己最了解的国家有好感，但我们同时也非常了解自己所仇恨的国家。换言之，在极端敌对的情况下，了解和敌意为负相关的说法并不成立。我们对自己最痛恨的敌人并非一无所知。

总之，我们似乎可以合理地认为，如果沟通的藩篱很难跨越，无知就会让人们成为谣言、怀疑和刻板印象的猎物。当然，如果把自己并不了解的对象作为潜在威胁，这种情况就更可能发生了。

不过上述概化或许有疏漏之处，个体差异也必须纳入考量才是。有的人因为对某群体一无所知而分外排斥；有的人因为不熟悉反而态度更加宽松。并非所有人都会采用同样的方式运用自己的知识（或无知）。但如果我们能满足于广义上的实证概化，或许就可以放心地说：**通过自由沟通了解其他群体，有助于降低对对方的敌意和偏见，这是**

一种规律。

## 少数群体的规模和密度

如果班上只有一个日本或墨西哥学生，那他可能会大受欢迎。但如果有很多外国学生，那他们肯定会被其他孩子孤立，而且总会被当作一种威胁。

威廉斯曾这样描述这一社会文化规律：

有可见差异群体迁徙到某一地区时，会提高冲突发生的可能性。新来的少数群体占当地人口的比例越高，且人口流入的速度越快，那么冲突的概率就更高。

有人对上述规律持不同意见，认为如果少数群体各自分散，受到的敌意就不会那么多。

然而，对很多少数群体而言，分散并不容易实现，毕竟受制于经济和社交条件，一个国家或一个地区的移民都会倾向于聚在一起。搬到北方城市的黑人，只能在黑人人口已经比较密集的地区找到安身之所。随着少数群体的集中，一个平行的社会渐渐出现。新的少数群体或许形成小聚集地，甚至会有自己的教堂、商店、俱乐部和国民警卫队连队。这种分离主义突出的鸿沟，通常会让情况雪上加霜。职业专业化也会导致问题的加剧：意大利人似乎只能是推车小贩、修鞋匠或工人；犹太人只会在当地对自己敞开大门的行业工作，如零售业、典当行、服装厂等。

这种表现在居住地、次社会和特定职业的集中趋势，让主流群体和少数群体之间的沟通障碍变得更加严重，也让双方对彼此停留在不甚了解的状态。如我们此前所述，无知本身就是引起偏见的重要原因。

## 直接竞争与现实冲突

我们已经多次提到，少数群体的某些成员或许确实有令人反感的特质，也重点讨论过敌对态度所秉持的"罪有应得"论。现在，我们必须仔细考察另一个相关的假设：群体之间的冲突可能也存在着现实基础。理想主义者或许会说："冲突始终都并非绝对必要，利益分歧可以通过协调的方法解决。"确实如此——理想情况下是这样的。我们现在要说的是，利益和价值的冲突的确会出现，但这种冲突并不属于偏见。

举例而言，新英格兰的磨坊小镇曾有一段时间很需要廉价劳工。于是，磨坊中介就前往南欧，带来了大量移民以补足劳动力的缺口。然而移民刚来的时候，并没有受到本地人的欢迎。毕竟，移民的到来实际上让劳动力暂时贬值，降低了本地人的收入，也提高了失业率。特别是在淡季或经济萧条的时期，底层的本地人统一认为移民对他们造成了真实的威胁。

当然，严格来说，这种竞争并不是群体间的，而是个体间的。自始至终都不是有色人种移民妨碍白人劳工获得工作，而是先得到工作的某些人。这种情况下，与其说冲突是"现实的"，不如说参与竞争的人将竞争视作种族问题。

很多经济矛盾、国家间摩擦和意识形态的冲突都属于真实的利益冲突。偏见模糊了问题，让人无法就事论事地解决核心冲突。大多数情况下，人们感受到的其实是已经被夸大的竞争。在经济领域，一个种族群体会对另一个构成直接威胁的情况很少发生，但这种解读却常常出现。在国际摩擦方面，各种争端会因为无关的刻板印象而愈演愈烈。同样的混淆也会出现在宗教纷争中。

现实冲突就仿佛风琴的一个音符，让所有偏见都随之同频共振，听众则无法在一片嘈杂声中找到那个纯粹的音符。

## 剥削带来的好处

马克思主义认为，偏见是资本家刻意散播的，主要就是为了持续控制其剥削的无产阶级。如果继续扩展这一理论到经济之外的领域，那可信度就更高，任何形式的剥削都会带来偏见。

凯里·麦克威廉斯就提出了一种剥削理论来解释反犹主义。他指出，社会对犹太人的排斥始于 19 世纪 70 年代，也就是很多人依靠工业和铁路运营获得大量财富的时期。这种理论认为，企业巨头意识到手中的新权利并没有严格遵循美国的民主主义理念，所以需要找到转移人们注意力的问题，便大肆宣传犹太人是真正的恶人，是经济弊端、政治黑幕和道德沦丧的幕后黑手。反犹主义由此就成了"特权的掩护"，为特权阶级提供了现成的理由和借口。暴发户向劳工灌输这一荒诞的说法，让他们相信自己的苦难都是犹太人造成的。如此，人们的注意力就从工厂主身上转移走了，而后者就有喘息的机会去制定那些他们想要的、对自己有利的劳工政策。在一些资本家的帮助下，鼓动之势升级，目的就是让人们将注意力都放在犹太人的恶行上。这一理论坚称，**偏见带来了各种剥削收益：经济优势、社会权势和道德优越感。**

积极挑起对某些民族群体的仇恨和敌意的煽动者实际上也是剥削者，但他们获得的好处并非直接来自少数群体，而是自己的追随者。他们危言耸听，制造威胁，之后把自己打造成救世主，这样追随者们就会把他选上政治舞台。

总而言之，所有多元化和阶层化的社会系统核心，都存在一种诱人的可能，即蓄意（甚至是无意识地）剥削少数群体，从而带来经济、性别、政治、地位上的利益。为了获得这些好处，最能从中受益的人一定会大力散播偏见。

## 对攻击性的社会调控

愤怒和攻击性都是正常的冲动。然而，文化方面的努力能够降低冲动的强度，或严格限制其表达方式。英格兰的切斯特菲尔德勋爵写道："绅士的特征就是从不表露愤怒。"不过，大多数文化都认同公开表达敌意的方式。在美国，一个成年人被激怒，那他破口大骂的行为也合乎情理。

然而，整体而言，美国处理攻击性冲动的方式既复杂又矛盾。美国人鼓励竞技运动，也鼓励商场上的激烈竞争，却又期待这两个领域的人有良好的运动精神和大方容人的雅量。孩子们在学校学的是以德报怨，在家里学到的却是要奋起争取自己的权利。尽管美国社会不鼓励夸大个人荣誉感，但没有人应该容忍超过限度的羞辱。学校的男孩子们打架通常会被默许。传统上看，母亲会培养孩子的耐心和自制力，父亲则会激发孩子的"男子气概"——尤其是竞争精神。

有些国家对"攻击性"的规制没有这样复杂而令人困惑。克拉克洪指出，人们自然而然会认为贫穷和不幸都是女巫造成的。为了让本能的攻击冲动有合理的宣泄渠道，将对内群体的伤害降到最低，自石器时代以来，每种社会结构都会允许"女巫"或其功能等价物存在。

然而，克拉克洪的理论有一个弱点，即过于武断地认为，每个人都有一定的无法化解的攻击性，必须要找到出口，社会也是如此。如果这一观点成立，那有些偏见和敌意就不可避免。社会政策就不应该致力于减少偏见，而是尽力将偏见从一些目标转移到另一些目标身上。因此，这一理论对社会行动有着极大的影响，在接受这一理论前，我们必须更加充分地分析攻击性的本质，探讨攻击性与偏见之间的心理学关联。

## 保障忠诚的文化手段

除引导成员宣泄攻击性外，每个内群体都会采取其他机制保证成员的忠诚。我们提到过，对祖国和民族群体的偏爱是一种习惯，族群也为个体带来了保障。但群体并不满足于成员的"自然"认同感，还会采取多种方式激发更强大的认同感——通常以牺牲外群体为代价。

其中一种方法是让成员关注群体的辉煌历史。每个国家都有一些口耳相传的轶事，说居于这个国家的人民是天子之民，或者说是**天选之人**，也会说人们都住在"天国"或"上帝与我们同在"。关于黄金时代的传说更是强化了种族中心主义。现代希腊人的自我价值建立在古希腊的光荣之上，英国人以莎士比亚为傲，美国人则以身为"美国革命之子"为荣。随着领土界限的不断变化，越来越多的内群体都搜集了丰富的证明，宣告纪念属于自己的黄金时代。尤其在欧洲，很多地区被不同民族群体占据，因此相互之间的摩擦很激烈。

学校教育加剧了摩擦。实际上，每个国家的历史教科书都不会提到自己国家曾经犯下的错误，地理教育也通常带有国家主义偏见。这些盲目爱国的宣传手段，成了种族中心主义的温床。

指责某个群体持有偏见，往往会有效增强该群体的向心力，强化群体信念。很多南方人都会团结一致抵制北方人的批评。人们会把外界的批评解读为对群体自主权的攻击，这通常会让该群体更有凝聚力。因此，受到攻击的民族中心主义，或许会成为该群体前所未有的团结和兴盛即将出现的必然象征。

如果个体的态度与文化压力传导的态度不一致，那就会给个体带来麻烦。若是个体公然对抗社会压力——拒绝仇视或避开遭受排挤的群体，就可能会受到嘲笑或滋扰。在美国的部分地区，与黑人建立友好的社会关系，会被人贴上"共产主义"或"亲黑人者"的标签，连带遭到社会排斥。这种社会压力和个人信念之间的冲突总是让人为难的。

## 文化多元与文化同化

大部分少数群体的成员会同时抱有两种心态，有些人认为应该加强内群体的联结，鼓励内部婚配，倡导使用母语和本族传统教育下一代等，保留所有民族及文化特征；其他人则倾向于融入主流文化。他们希望跟主流群体的人到同一所学校就读，去同一所教堂和医院，使用同一套规范，阅读同样的报纸，或许还可以通过通婚，参与民族大融合。

和大多数现实问题一样，最实际的解决方式并不是采取哪一种极端的做法。即使是支持种族隔离的人，也不会希望黑人逐渐发展出自己的语言或独立的法律，而是希望他们**在某些方面**融入主流群体。而主张同化的人，同样也希望保留文化中的精髓，比如法国的美食、黑人的音乐、波兰的民族舞蹈和圣帕特里克节等。

文化同化的支持者真心相信，只有达到风俗习惯上的统一，甚至是血统上的统一，才能消除这么多可见差异——消除或真实或虚构的冲突产生的理由。

文化多元的支持者认为，多样化是生活的趣味所在。每种文化都有其独特的贡献，虽然不同的风俗和语言让人感到陌生，但它们都具有启发性和指导性，对整个社会有所助益。他们认为，美国应该更多姿多彩，而不是像在公路上看到的那种单调、一致、商业气息浓厚的文化。他们还进一步声称，差异并不一定会带来敌意，开放的心态和友好的态度可以与多元文化共存。

如果主流群体的成员**坚持**要少数群体的成员放弃一些他们珍视的信念或习俗，这或许是最拙劣的做法。这种压力并不是出于善意，因此被攻击的群体一定会强烈反抗。事实上，这种做法会引起反效果，因为正如先前提到的，群体遭受迫害时，往往会提升凝聚力，进而强化群体特质。如果涉及宗教等深层价值观，那么这种胁迫完全是徒劳无功的。贬低少数群体的神祇并不能让天主教徒或犹太人的虔诚减少一分。

如果持有明显偏见的主流群体既不赞成文化多元，也不支持同化，那么实际上要表示的就是："我们不希望你跟我们一样，但你们也不能跟我们不一样。"那少数群体该怎么做？移民发现，无论是保留自己的文化还是积极融入社会，无论是支持同化还是反对同化，他们都会受人诟病。

总而言之，如果将文化同化和文化多元主义作为南辕北辙的两种政策，那么就不能期望只通过其中一种就能解决群体间关系的问题。毕竟，调试的过程非常微妙。我们真正需要的是自由的氛围，让少数群体能够根据自身需要和意愿选择文化同化或文化多元主义的方式。任何一种政策都不能强制实施，且社会的进化是相当缓慢的过程，我们只有抱着放松和包容的态度，才能在这一过程中尽量减少摩擦。

# 第十四章 选择替罪羊

严格来讲，"少数群体"这个词组指的只是与其他群体相比，规模相对较小的群体。但这个词组也带有一些**心理学**意味，表示主流群体对具有民族特征、规模较小的群体抱有刻板印象，并因此对这个少数群体有一定程度的歧视，最后导致少数群体心生怨恨，通常也会更坚决地维持自己的独特性。

心理学意义上的少数群体包含很多移民和区域性群体、特定职业的人、有色人种和具有特定信仰的人。

有些心理学意义上的少数群体只是受到温和的排挤，有些则会遭受更强烈的敌意。无论遭受的是轻微的还是严重的伤害，我们都用"替罪羊"来指代心理学上的少数群体。

## 替罪羊的含义

"替罪羊"一词源于《利未记》中记载的希伯来人的著名仪式。大家在赎罪日当天会抽签选中一只公山羊，之后穿着细麻长衫的大祭司会把双手放在山羊头上，象征性地把人们的罪恶转移到山羊身上，最后将这只山羊带到旷野放生。由此，大家都觉得自己被净化了，暂时没有了罪恶感。

可见很早之前，人们就坚信罪恶和不幸可以从一个人身上转移到另一个人身上。"万物皆有灵"的观念模糊了精神世界和物质世界之间的界限。如果一堆木头可以移动，为什么忧伤或罪恶不可以呢？

现在，我们会将这个心理过程称作**投射**。我们在别人身上看到的恐惧、愤怒、欲望，其实主要源于我们内心。我们身上出现不幸的原因并不在自己，而是其他人。在"替死鬼""替罪羊"等日常用语中，我们也能看到这一缺陷。

我们找不到明确的公式来解释如何选择替罪羊。但似乎不存在所谓"全能替罪羊"。

宗教、民族或种族群体与"全能替罪羊"最接近。这类群体自始至终稳定存在，因此很容易被强加一个特定的地位和刻板印象。我们已经讨论过武断的分类中，很多人会因为某种社会许可就被接纳或被排斥。一个黑人身上的白人血统可能完全多于黑人血统——但人们想要的是"社会假定"的种族，所以他就很随意地被归了进去。如此一来，人们就可以将罪恶归咎于一个价值观不同、世代均是威胁、没有个别差异的人格化群体。正因如此，种族、宗教和民族仇恨往往会比职业、年龄或性别群体的偏见更为普遍。

## 特定场合下的替罪羊

在每日新闻中，我们会发现一种"临时"替罪羊的现象。如监狱暴动、杀人狂从州立医院逃脱、市政府贪污丑闻等会引起公愤的事件，民众会强烈抗议，措辞激烈的社会讨论和愤怒的投诉会接踵而至。有时候这些声音会点明自己想要的替罪羊，有时候就只是找人发泄而已。愤怒需要具体的人来承受，而且急不可待。因此，有些官员就会被立刻罢免——并不一定是他真的有过错，而是因为牺牲他，才可以平息众怒。

有时候，责怪很容易从一个替罪羊转移到另一个替罪羊身上。随着情绪的平复，群众寻找替罪羊的需求就会下降，因此与最初的雷厉风行相比，对下一个人的惩罚通常更加温和克制。人们会觉得，面对这样的事件，一只替罪羊就够了，对他的惩罚足以为短暂的危险期划上句号。

# 第十五章　接触效应

　　人们有时会觉得，只要不分种族、肤色、宗教信仰或国籍，大家都聚集在一起，就可以消除对彼此的刻板印象，培养出友善的态度。但事情并非这样简单。

　　一些社会学家认为，不同群体的成员相识后，其关系的发展通常会经历四个连续的阶段。首先就是**单纯的接触**，之后很快会形成**竞争**，接着就是**相互适应**，最后是**同化**。这一系列进程是相对平静而频繁地发生的，比如我们会发现很多移民群体最终都会融入新的国家。

　　但这一进程并不具有普适性的定律。虽然很多犹太人个体已经被完全同化，脱离了原本所属的群体，而且整个犹太群体也不断接触其他群体，但自有记载以来的历史中，它还是持续存在了 3000 年。据估计，按照目前美国黑人种族"消逝"的速度，还要 6000 年黑人才会被完全同化。

　　这一过程也并非不可逆转。我们知道，进入相互适应阶段后，退回到竞争或冲突阶段的情况也时有发生。种族暴动正是这样的退行，针对犹太人的周期性迫害也是。

　　这一和平演进的定律是否能够实现，似乎取决于**接触的性质**。

# 接触的种类

理想情况下，为了预测接触对态度的影响，我们应该探讨下列每个变量单独的效应以及不同变量组合的效应。但这项任务太过艰巨。目前为止，研究还在起步阶段，但已经形成了很有启发性的结论。

- **接触的量化因素：**

    1. 频率

    2. 持续时间

    3. 参与人数

    4. 种类

- **接触的地位因素：**

    1. 少数群体成员处于劣势地位

    2. 少数群体成员有平等地位

    3. 少数群体成员处于优势地位

    4. 尽管部分个体成员的地位不同，但群体整体有相对较高的地位（如犹太人）或相对较低的地位（如黑人）

- **接触的角色因素：**

    1. 接触者是合作关系还是竞争关系？

    2. 是否涉及上下级关系？例如主仆、雇主与雇员、师生

· **接触的社会氛围因素：**

1. 是支持种族隔离还是平等主义？

2. 是自愿还是非自愿接触？

3. 接触对象是"真实的"还是"虚构的"？

4. 是否为群际接触？

5. 接触是"常态的"还是"例外的"？

6. 接触是重要且亲密的，还是无关紧要且浅显的？

· **接触者的个人性格因素：**

1. 最初的偏见水平为高、中还是低？

2. 偏见是表面的、从众的还是根深蒂固、植根于性格中的？

3. 在生活中是否有基本的安全感，还是经常恐惧且多疑？

4. 接触者之前与该群体的相处如何？目前对该群体的刻板印象有多强烈？

5. 接触者的年龄和受教育程度如何？

6. 其他可能影响接触效果的性格因素

· **接触的场合因素：**

1. 偶然的

2. 居住性的

3. 职业性的

4. 娱乐性的

5. 宗教性的

6. 公民及互助组织

7. 政治性的

8. 群体间的友好往来

以上列表未能穷尽所有与"接触"相关的因素，但确实显示了眼前问题的复杂性。科学的研究还没有涵盖所有变量，但我们接下来要呈现的是目前已有的可靠概论。

## 偶然接触

在种族隔离已经成为社会习惯的地方，所发生的群际接触要么是偶然的，要么牢牢固定在上下级关系中。

证据显示，这种接触并不能消除偏见，甚至有可能强化偏见。

我们可以通过探讨偶然接触中的感知来理解这一规律。假设一个人在街上或商店里看到一个具有可见差异的外群体成员，那他很可能会想到关于这个外群体的一系列传闻、谣言、传统或者刻板印象。理论上说，根据"频率法则"，我们与外群体成员每一次浅显的接触，都可能会强化既有的负面心理联系。更重要的是，我们对能够验证已有刻板印象的迹象会更敏感。在地铁上如果有一大群黑人，我们可能只会选择性地注意到其中一名行为不当的黑人，并表示不满，但对于其他十几个举止得当的黑人，我们会仅仅因为偏见作祟，限制了对感知的诠释，进而忽略他们。因此，偶然接触让我们对外群体的看法停留在自我的层面。双方都没有与外群体成员进行有效沟通。

## 熟识

大多数研究显示，相较于偶然接触，真正的熟悉才能减少偏见。

然而，这必须先有一项重要前提。我们已经说过，偏见会反映在信念和态度上，如果人们对少数群体的认识更为深入，那就很有可能直接形成更贴近事实的信念。不过，态度可能不会有相应改变。

因此，谨慎起见，我们应该得出的结论是：接触或许能增进对少数群体的认识和了解，进而形成对该群体更合理的信念，由此有助于减少偏见。

## 居住性接触

不同群体居住在不同的区域，这种情况下的接触会加剧双方紧张的关系，反之，混合居住政策则可以增进彼此的了解和认识，消除障碍，促进双方有效沟通。隔阂一旦消除，错误的刻板印象就会减少，原本因恐惧和自我中心主义而产生的敌意，也会被更真实的观点所取代。通常，这会让人们收获友谊。然而，与此同时，亲密关系中存在的真正阻碍也会浮出水面。一项研究表明，黑人过于敏感的防备心会在混合居住区中体现得更明显。此外，混合居住的青年男女更有可能通婚，以当前文化为背景，这会让夫妻双方陷入困境。

尽管如此，能看到种族关系中的真正问题已经是极大的收获。即便问题并不好解决，但消除了无关刻板印象和自我中心带来的敌意后，难题就会变得更好解决。因此，废除种族隔离制度有极大的助益。

## 职业上的接触

大多数黑人和其他某些少数群体的成员基本上处于职业阶梯的底端。他们薪水微薄，社会地位低下。黑人通常是仆人、保安、劳工，而不是主任、经理或领班。

越来越多的证据表明，这种职业地位上的差距会促使偏见产生和维持。

麦肯齐针对退伍军人所做的一项研究表明，对于认识的没有一技之长的黑人，只有5%的退伍军人抱有友好态度；如果是对军队外有一技之长或专业较好的黑人，或是

在服役时认识的水平相当的黑人，那么退伍军人中有64%
抱有友好的态度。

　　总的来说，如果是在工作上接触了**地位相当**的黑人，
那么偏见就有可能减少。管理层应该身先士卒，自上而下
打破歧视，在雇用黑人时尽可能减少摩擦。同样，确定的
政策可能会抵消最初可能出现的抗议之声。至于同样的原
则是否适用于除黑人之外的群体，目前还不能确定，毕竟
相关研究较少。不过，在缺乏明确反证的情况下，我们不
妨假定逻辑是一样的。

## 追求共同目标

　　虽然工作上的接触似乎是有利的，但和很多其他类型
的接触一样，它也自带局限之处。人们可能会认为特定情
境下的接触是理所当然的，但不会完全将这一经验类推到
其他情景。例如，人们在商店看到黑人店员或许能够平等
对待他们，但心里依旧怀有对黑人的偏见。简而言之，地
位平等的接触可能会导致抽离的或高度特异性的态度，但
不一定可以改变个体习以为常的感觉和习惯。

　　因此，问题的关键在于，如果想有效改变偏见，就不
能仅仅停留在表面的接触。只有让大家**共同完成一项任务**
的接触，才有可能带来态度上的改变。这一原则在由多个

民族成员组成的运动队中最为常见。在运动队中，实现目标才是最重要的，至于队伍的构成则是无关因素。正是为了要达成目标而共同奋斗，队伍才会有凝聚力。同样，在工厂、小区、住宅和学校中，比起地位平等的表面接触，群体之间的共同参与和共同利益更重要。

## 出于善意的接触

经历过 1943 年的几场严重暴乱之后，美国多个城市都建立了反偏见的官方机构。这些机构大多是由社区中有名望的市民组成，包括该地区主要少数群体的代表等。尽管有些机构确实做出了相当的努力，但大多数机构都被讽刺为"无所事事委员会"。这些机构的成员往往太忙，缺乏培训，除了谴责偏见，毫无建树。

除官方机构外，还有数百个民间机构和委员会作为非官方机构。但大多数民间团体也不知道如何推动反偏见运动，所以通常做一阵无用功后就解散了。如果一个组织不知道要如何行动，其所引发的失望可能会引起社区的内讧，导致情况比之前更糟糕。

从心理学角度看，问题在于机构或团体缺乏明确的目标，工作的重点尚不清晰。毕竟没有人能够抽象地"提升群体之间的关系"。没有具体目标的善意接触都是徒劳的。

少数群体从人为诱导的尊重中什么都得不到。

但我们也不应过于苛责。毕竟不同的群体的人们都想要联合起来，共同努力改善社区中的偏见情况，修复群体间的关系，就已经是很好的开端了。

## 性格差异

没有证据表明，接触能够让**所有**个体都减少偏见，哪怕是为了共同目标而进行的平等接触也是一样。原因在于，某些性格会抵消接触的效果。因此，我们在讨论接触效应的时候务必应当把人格的个性化差异也考虑在内。

第五部分

# 偏见的习得

# 第十六章　遵从

有些人认为，文化为生活中的问题提供了现成的答案。

只要生活中的问题与群体关系相关，那么答案就很可能会以族群中心主义为基调。这很自然。每个民族群体都希望强化内部联系，让自己的族群在黄金时代的传奇故事永世流芳，宣称其他群体都比不上自己。这种现成的答案有利于自尊的培养和群体的存续。以族群为中心的思维习惯就像是祖母留下的老物件，有时候会受到崇尚和珍视，但大多数时候都被视为理所当然的。它偶尔会翻新，但大多数情况下都是代代相传。它的存在具有特定作用，像家一样让人自在，因此就是好的。

## 遵从和功能性意义

当下，我们面临的重要问题是：遵从究竟只是表面现象还是对遵从者而言具有深层功能性意义？它是肤浅的还是深刻的？

答案是，人们对文化传统的遵从有不同的程度。有时候，我们几乎是下意识地遵从习惯，或者只有表面上的关

注（如在街上靠右走），有时候我们发现文化模式对自己非常重要（如财产所有权），还有的时候，我们会尤其珍重文化传递的生活方式（如属于某个教会）。从心理学角度看，我们或许可以说，人的遵从习惯中体现了不同程度的自我卷入。

当然，这并不表明所有偏见都可以一分为二，不是"完全遵从"就是"具有功能性意义"。其实，所有偏见都在一定程度上混合了这两种因素。"完全遵从"和"具有功能性意义"是两个极端，每一种偏见的情形都会落在这两个极端之间的位置。

## 社交入场券

很多从众的人没有更深层的目的，只是为了避免尴尬而已。如果发现周围的人都有偏见，他们就会附和。何必显得自己无礼呢？何必挑战既有的社区模式呢？只有冥顽不灵的理想主义者才会自找麻烦。最好还是像鹦鹉学舌一样，总比当出头鸟强。

一个崇尚和平（和利益）的雇主拒绝雇用黑人作为销售人员："我本人不讨厌他，但这样做总归有风险，凭什么我要当第一个？万一客人们不乐意呢？"

显然，很多支持种族隔离的空军士兵，也同样没有更深层次的动机。

大部分遵从偏见是"客套的、无害的"，非犹太人晚上聊天时通常会穿插一两句指责犹太人的话，别人也会点头表示认同，接着就进行下一个话题了。这种批评就像我们谈论天气一样，通常都是空洞无意义的。

如果确实没有更深层次的含义，这种闲聊就可以被当作**寒暄**——说什么并不重要，说话只是为了避免沉默，象征着社会团结。

当然，有些遵从行为则会牵扯更重要的利益关系。

一个家境贫穷的女孩在私立学校上学，周围大多都是富裕家庭的孩子。为了融入这些"大人物"群体，她就开始附和别人对学校中一两个犹太女孩的偏见。在这个案例中，对个人安全感的需求让她有了这种遵从行为。

没有人希望被主流群体排挤，青少年尤其如此，甚至别人的语气他都要模仿。这种偏见与个人立场基本无关，与功能性意义的关联也不大。

## 绝对服从的神经症

发生在奥斯威辛集中营的暴行至今让人难以置信。自1941年夏天到二战结束，大约有250万男女老少在那里惨遭杀害。那里的毒气室和焚化炉一天24小时运转，每天被杀害的人高达一万。受害者大多为犹太人。这场精心策划的种族灭绝行动就是希特勒所谓犹太人问题的"最终解决方案"。受害者的金牙和金戒指被融掉，之后被送到德意志帝国银行。女性的头发则被剪下来，另作商业用途。

德国军队46岁的鲁道夫·赫斯上校曾任集中营的指挥官，他在纽伦堡审判中对在集中营犯下的种种罪行供认不讳。

被问及收到如此残忍的命令做何感想时，赫斯表示并没有什么感觉。他只是对上级回复了一声"遵命"，就顺从地开始了无尽的谋杀，一切只是因为两位长官告诉他要这么做而已——首先是希特勒，其次是希姆莱。被继续问到他所杀的犹太人是否命该如此时，他内心不甘地称这种问题根本没有意义。"你不明白吗？我们党卫军压根不该考虑这种事，我们也从来没想过。""我们也没听过别的什么说法……就连军事训练和思想教育都告诉我们，我们的天职就是保卫德国不受犹太人的侵扰……只有一切坍塌之后，我才听到各种不同的声音，才逐渐意识到或许这并不是对的。"

在赫斯看来，服从上级命令高于一切——《圣经》比不上，人类的同情心比不上，理性逻辑也比不上。"每天看着堆成山的尸体，闻着烧焦的味道，肯定不好受。可上级已经下了命令，也解释了这样做的必要性，所以我真的从来没多想过这是不是不对。只是觉得就得这么做。"

赫斯的行为就属于绝对服从。忠诚胜过了所有理性和人性的力量。在赫斯的性格中，狂热地服从纳粹信仰和元首命令十分关键——这是一种强迫性服从。然而，你也不能据此就说赫斯是疯子，毕竟很多党卫军都会这样做，且毫无悔意。我们从这个案例中只能学到，狂热的意识形态或许会带来执拗的遵从，程度让人难以置信。

## 文化中的族群中心主义核心

相对不那么极端，但更普遍的从众形式，就是刻意维持特定的族群中心主义信念，并将之作为文化的重要部分。只要有了这种信念，人们就或多或少会受到影响。"白人至上"的理念就是如此。

早在100多年前，托克维尔就探讨过美国南部文化的这一特点。他指出，主流群体似乎都带着廉价优越感：

在美国南部，没有哪个家庭会穷到没有奴隶。某种程度上说，南部的白人自一出生就是家里的统治者，他人生中最先获得的一个观念就是，自己生而有权命令他人，养成的第一个习惯也是自己的命令不得违抗。于是，他所接受的教育让他养成了傲慢、轻率的性格，他易怒、暴力、急于求成、无法忍受挫折，一旦失败一次就会一蹶不振。

并非只有美国人才可以维持内群体的优越感。一名中国学生讲述过父母和老师共同向孩子们灌输内群体主义的情景：

为何中国这个国家历经数次危难仍能屹立不倒？就是因为中国人坚信祖先传承下来的伟大哲学拯救了这个国家。无论是过去、现在还是将来，中国文化和文明都是东方之珠。

这个学生还表示，她的成长环境让她对美国传教士有很强烈的偏见，不明白为什么传教士要强迫一个更古老、更优越的文明接受他们的方式。

## 遵从的基本心理

我们已经提到过，在世界上所有社会中，孩子们都会被认为是属于父母所在的民族群体和宗教群体的。由于亲缘关系的存在，孩子们也要承受父母所受的偏见，成为父母所受偏见的受害者。

正是因为上述事实的存在，偏见看似会遗传一样，似乎与生理血统有关。既然子女和父母拥有同样的成员身份，那么我们就会知道，族群态度就会由父母传递给子女。这一过程如此普遍和自然，仿佛某种程度上确实有遗传因素的参与。

　　然而，实际上，态度的传递其实是教养和习得的过程，并非遗传所致。正如此前讨论过的，父母有时候可以将族群中心主义灌输给下一代，但大部分情况下，这一过程是下意识的。以下摘录是从孩子的视角看待这一过程：

　　我记得自己很小的时候，总会憎恨反对我父母观点和感受的人。我父母晚餐时总会提到那些人。我觉得他们表达自己的信念、谴责对立者的时候，声音中带着自信，那也影响了我，我觉得他们无所不知。

　　年幼的孩子很可能认为自己的父母是万能的。既然如此，孩子的判断为何不会遵从父母的判断呢？

　　父母的态度有时候会夹杂着宽容与偏颇，但孩子们会全盘承袭：

　　我父亲是个牧师。我从他身上学到的观念之一就是，一个人永远不会憎恨另一个人，我们讨厌的只是这个人身上的缺点，比如自负。然而，他也告诉了我一些天主教徒身上常常出现的缺点——迷信就是其中之一。

　　我们肯定不能由此推断，年幼的孩子是有意识地模仿父母的态度。显然他不会这么想："为了生存，我必须跟家里保持一致。"心理学上看，家庭态度的习得其实是通过更潜移默化的方式在进行。

　　社会价值观和态度是孩子最容易认同的，毕竟他们最初还没有形成自己的观点。对于尚无法理解的话题，孩子只能吸收其他人的看法。如果孩子是第一次遇到某个社会问题，就会问父母自己应该有怎样的态度。这时，他可能会问："爸爸，我们是谁？是犹太人还是非犹太人？是新教徒还是天主教徒？是共和党人还是民主党人？"等得到了"我们"是谁的答案，孩子就会心满意足，自此接受自身的成员身份，并且会接受这个身份该有的态度。

## 冲突与叛逆

　　尽管遵从家庭氛围无疑是偏见最重要的单一来源，但孩子长大之后不一定总会模仿父母的态度，父母的态度也不一定总是与社区内的主流偏见保持一致。

　　父母传递给下一代的是其所接受的文化传统。他们可能会怀疑社区中目前抱有的刻板印象，并将这种怀疑传递给孩子们。因此，除非孩子在家庭之外偶然学到了社区的标准态度，他的偏见就会反映出父母加注在他身上的特性。

　　孩子们有时候也会有自己的选择。虽然在童年早期，他经验不足，能力不够，无法反对父母的价值观念，但仍有可能会很早就对此提出质疑。一个六岁的小朋友接受了曾祖父对南方人和爱尔兰人的排斥态度后，也可能因为现实情况而倍感纠结：

　　一天，我和我叔叔一起玩，我不小心说漏了嘴："好吧，总之我们都不欢迎你和你的爱尔兰老朋友们住在这条街上。"后来，我才知道，我善良的叔叔就是爱尔兰人，我真的很难过。我想一定是曾祖父搞错了。如果对我这么好的叔叔是爱尔兰人，那整个爱尔兰民族肯定也很好。

青春期的孩子们有时候会公开反对上一代的偏见：

我15岁的时候就特别叛逆，不仅对抗父母，也对抗整个城市的体制。所以当时还是个孩子的我过得很痛苦。如果大家习惯歧视黑人，我就会跟他们做朋友。我还会把清洁工的儿子带到家里打牌、听收音机，我父母都惊呆了。

孩子通常到了大学阶段才会开始摆脱从父母身上继承的偏见：

我父母对罗马天主教徒有很强烈的偏见，他们说教会里的人都很奸诈，掌握过多的政治权力，甚至持有枪火，还在修道院里做些不道德的事情。但大学期间，我重新思考了自己的宗教立场，开始接触罗马天主教的神职人员，去了解他们的观点，才发现我先前的恐惧根本毫无根据，现在觉得我父母的成见很好笑。

至于有多少孩子成年之后没有修正从父母那里习得的族群中心主义，我们不得而知。尽管族群中心主义会受到反抗，但还是会代代相传。它或许会被微调，但通常不会被抛却。

既然偏见最主要也是最早来源于家庭，我们就不该对学校的跨文化教育项目有太高期望。首先，学校很少敢于跟家长的看法相悖，否则就是惹祸上身。此外，并不是所有老师本身都没有偏见。教堂或国家——虽然明面上都支持平等——也无法完全消除家庭最初、最深远的影响。

当然，虽然家庭占据着首要地位，但并不意味着学校、教会和国家应该停止践行或教授民主生活的原则。至少，它们的综合影响可以为孩子们树立次级榜样。如果学校、教会和国家的影响能让孩子质疑自己的价值观，那么相较于不假思索的偏见，孩子面对冲突时就能更成熟地处理。学校、教会和国家的影响可能会产生**一定程度的**效果，累积起来的影响有可能会继续影响下一代父母。由此回想，我们已经提到过，相较于 20 年前的学生，当代大学生更不愿意将刻板的印象加在其他国家外群体身上。为何会如此？就是因为家庭以外的教育逐渐影响了学生或其父母，或兼而有之。

# 第十七章　童年早期

　　偏见是如何习得的？对于这个重要问题，我们已经探讨过，指出家庭影响是首要因素，孩子也有充分理由接受父母现成的族群态度。同时，我们也提醒过认同在早期学习中的核心作用。本章，我们将介绍影响学龄前儿童的其他因素。人生的前六年是社会态度形成的关键时期，但幼儿期的经历并不是唯一的决定因素。或许一个人在六岁时就已经有了偏执人格的苗头，但并没有完全定型。

　　为了讨论得更清晰，我们首先应该区分**采纳偏见**和**形成偏见**。所谓采纳偏见，就是孩子从家庭或文化环境中承继既有的态度和刻板印象。父母的言行举止及其透露出的信念和敌意都会传递给孩子，孩子则会采纳父母的观点。

　　但另一种教养方式不会直接将想法和态度传递给孩子，而是营造一种氛围，让孩子在生活中形成自己的偏见。在这种情况下，父母可能不会直接表达自己的偏见。然而，父母对待孩子的方式（管教、爱、威胁）使得孩子会不由自主地产生怀疑、恐惧、仇恨，且这种情绪迟早会加在少数群体身上。

　　当然，这两种不同的学习过程实际上并非完全独立。

父母在传授孩子特定的偏见时，也可能训练孩子发展出具有偏见的人格特质，但我们还是要谨记二者的区别。

## 儿童教养

孩子的偏见与父母的教养方式有关。

强有力的证据表明，如果父母强求孩子服从，压抑孩子的天性，管教严厉，那么孩子就更有可能形成偏见。

这种教养方式会如何影响孩子？首先，孩子会时刻警惕。如果造成父母不便，或者违抗父母之命，他们不仅会受到惩罚，也会觉得父母的爱被收回了，进而感到孤立无援、脆弱不堪、无所依靠。因此，他就会时刻留意父母赞同或反对的迹象。父母的权力和意志就对孩子的一生有了决定性影响。

最后的结果如何呢？首先，孩子会学到人类的关系是由权力和权威主导的——而不是信任与包容。由此，孩子会形成社会阶级的观念，不会真心相信人人平等。此外，更为深远的影响是，孩子不再相信自己的直觉：他不能发脾气，不得不服从，必须依靠自身与内心的邪恶作斗争。通过简单的投射，孩子开始恐惧他人内心的邪恶冲动，他们担心遭人暗算，认为其他人的冲动都是威胁，因此也不相信任何人。

**什么是偏见**

　　如果说这种教养方式是偏见滋生的温床，那么，相反的教养方式则会让孩子养成包容的性格。如果无论孩子做什么都能感受到安全与被爱，那他们就会形成平等和信任的基本观念。由于不需要压抑自身的冲动，他就不太可能将自己的冲动投射到别人身上，与人相处时也不会时时怀疑、担忧，人际关系中的等级观念也不会很强。

　　虽然没有哪个孩子总会得到唯一一种管教或关爱模式，但我们还是可以将家庭氛围分成以下几种：

　　·包容

　　·拒绝

　　压抑且冷酷（严厉、让人害怕）

　　专横且苛责（期望过高的父母往往会喋喋不休，对孩子永远不满意）

　　·忽视

　　·溺爱

　　·反复无常（有时包容，有时拒绝，有时过于溺爱）

　　尽管不能太过教条，但拒绝、忽视和反复无常的教养方式更有可能促使孩子形成偏见。不过，我们至少可以如此假设：受到过十分严厉的对待、被狠狠惩罚或总是被批评的孩子很有可能会发展出群体偏见的性格。相反，如果孩子成长的氛围轻松，环境安全，且一直得到包容与关爱，那就更有可能发展出宽容的态度。

## 对陌生的恐惧

再回到"偏见是否存在先天因素"的问题，我们已经发现，婴儿（大概6个月左右）一旦能够区分熟悉与不熟悉的人，那么有陌生人靠近时，他们就会表现出焦虑。如果陌生人突然靠近，或者伸手"抓起"孩子，他们的焦虑感就会更强。如果陌生人戴着墨镜，或者肤色特别，甚至神态都与他们习惯的不一样，婴儿的恐惧感就会很强烈。这种对陌生人的胆怯通常会持续到上学之前——或者更长时间。去有小孩的家里拜访你就会知道，孩子需要几分钟，甚至几个小时的时间，才能"适应"你的存在。但通常而言，最初的恐惧会逐渐消失。

我们也曾提到过一项实验，婴儿被独自留在满是玩具的陌生房间里。所有孩子起初都很紧张，慌乱地大哭。几次之后，他们就能完全适应那个房间，能放松地玩耍了。但最初恐惧反应的生物功能很明显，陌生的事物潜藏着危险，因此必须保持警惕，直到经验告诉我们这一陌生事物没有威胁。

虽然孩子在陌生人面前普遍会感到焦虑、害怕，但让人惊讶的是，孩子通常能很快就适应陌生人的存在。

有户人家雇佣了一名黑人女佣。家里两个分别3岁和5岁的两个孩子却很害怕她，有好几天，孩子们都不愿意接纳她。女佣在这户人家工作了五六年，也深得大家的喜爱。几年之后，孩子们长大成人，大家讨论起了女佣给家里留下的美好回忆。虽然已经十年没见，但大家都很怀念那段时光。聊天的时候，有人突然提到女佣是黑人。两个孩子都惊讶极了，说自己完全不知道这件事，就算知道也早就忘得一干二净了。

类似的情况并不少见，这也让人怀疑，对陌生事物本能的恐惧是否必然会影响固定态度的形成。

## 种族意识的萌生

"家庭氛围"理论显然比"秉性本能"理论更具有说服力，但两种理论都没能告诉我们孩子究竟是什么时候、如何形成了种族观念。即使孩子确实天生具有相关的情绪特质，但家庭也奠定了接纳或拒绝、焦虑或安全的恒久基调，我们还是需要进一步研究，解释孩子对群体差异的最初感觉是如何形成的。这类研究非常适合在种族混合的幼儿园中进行。

研究表明，孩子从大约两岁半时开始对种族有意识：

一个两岁半的白人儿童第一次坐在一个黑人儿童身边。他说了句："脸脏脏。"这句话没有掺杂感情色彩，只是白人儿童见到完全黑皮肤的人时下意识的表达——毕竟他是第一次见到黑人。

似乎在很多情况下，纯粹的感官观察是种族意识最初萌芽的迹象，比如有些人是白皮肤，有些人是深色皮肤。除非这种观察伴随着对陌生事物的恐惧，否则我们可以说孩子最初意识到种族差异时，感到的是好奇和新鲜——别无其他。孩子的世界充满各种值得探究的差异，肤色只是其中之一。然而，我们发现，即便是对种族差异的初次认识，也会引起"干净"与"肮脏"的联想。

这种情形在三岁到四岁半的孩子身上更为明显。他们为了去除污垢，会在家里把自己洗得干干净净。可为什么别的孩子还是觉得自己脏兮兮的？一个黑人小男孩对自己的成员身份很是困惑，便跟妈妈说："帮我把脸洗干净吧。"

一个一年级的老师说，孩子们在教室里做游戏时，大概有十分之一的白人小孩不愿意跟落单的黑人小孩手牵手。原因显然不在于根深蒂固的"偏见"，选择拒绝的白人小孩只是认为黑人小孩的手和脸不干净。

一个四岁的男孩坐火车从波士顿前往旧金山。他被友善的黑人搬运工深深吸引。此后整整两年，他都想象自己作为搬运工的样子，还十分遗憾地抱怨说自己不是黑人，所以可能永远都没有资格得到这份工作。

总体而言，四岁的儿童通常会对种族群体之间的差异感到新鲜、好奇。"白人至上"的感觉崭露头角，主要是因为白色会让人联想到干净——且干净是孩子早期就学到的正向价值，但相反的联想有时也很容易建立。

## 语言标签：权力和拒绝的象征

一个小男孩的母亲警告他绝对不许和"黑鬼"一起玩儿，这个小男孩回答："没有，妈妈，我从来不跟黑鬼玩儿，我只跟白人和黑人小朋友玩儿。"这个小男孩已经对"黑鬼"这个词产生了而厌恶，但并不明白这个词究竟意味着什么。换言之，这种厌恶是在认识这个词所指对象之前就形成了的。

像是异教徒、犹太佬、拉丁佬这种词也是例子，对孩子而言也充满强烈的情绪。他只有长大后才会将这个词与能引起该种情绪的特定群体的人联系在一起。

这一过程就是"学习的语言优先性"，即孩子在认识某个情感词语所指对象之前，就已经受到了该词语的影响。之后，孩子还会将这种情感效果与其所指对象对应在一起。

在确切认识到所指对象之前，孩子可能会经历一段时间的困惑和混淆。尤其是有某种激动或痛苦的经历，孩子们就更有可能记住这些情绪性词汇。举个例子：

一名安置社工经过操场时，发现一个意大利小男孩大哭不已。她赶忙问发生了什么。"波兰小孩打我。"小男孩重复了好几次。社工问了周围人，他们都说打人的不是波兰小孩。于是社工又问意大利小男孩："你是不是说打你的是个淘气的大孩子？"但意大利小男孩不同意，坚持认为就是被波兰小孩打的。社工对此很好奇，就去了意大利小男孩的家里。结果发现，意大利小男孩和一户波兰人住在同一栋房子里，而且意大利小男孩的妈妈总是跟波兰邻居争执，所以意大利小男孩就认为"波兰人"等于"坏人"。

等意大利小男孩终于知道哪些是波兰人时，他早已对波兰人产生了强烈的偏见。这个例子清晰地阐述了**学习的语言优先性**。

如果被辱骂，孩子们总会大哭，自尊心也会因为被乱取外号而受伤，例如捣蛋鬼、脏小孩、冒失鬼、小黑人、拉丁佬、日本鬼子等等。长大后，为了摆脱童年早期的语言现实主义，孩子们会自我激励：棍棒石头或许会打断我的骨头，但言语永远无法伤害我。不过，他们要过好几年才能明白，名称并不是事物本身。我们或许永远都逃不开语言现实主义，成年后还是会以僵化的语言类别来思考问题。对于某些成年人来说，"犹太佬"就是骂人的词，是脏东西——二者不可分割。

## 偏见习得的第一个阶段

六岁的珍妮特正努力整合对妈妈的顺从以及自己的日

常社交。有一天，她跑回家问："妈妈，我应该讨厌的那些小朋友叫什么？"

珍妮特正在摸索着形成一些抽象的概念，希望能形成正确的类别，顺从母亲的意志，遇到别人的时候能找出自己应该讨厌的那些。

考虑这一背景，我们可以假设珍妮特的心理发展历程如下：

1. 她认同自己的母亲，至少强烈渴望得到母亲的爱与肯定。由此可以想见，她的家庭并不是"包容"的氛围，甚至可能有些严厉、挑剔。珍妮特可能会发现，她必须时时刻刻小心，迎合父母，否则就会被拒绝或者受到惩罚。无论如何，她已经养成了服从的习惯。

2. 虽然她表面上并不怎么害怕陌生人，但已经学会了要谨慎行事。跟家人以外的人打交道时的不安全感或许就是她现在努力界定忠诚圈的原因之一。

3. 毫无疑问，珍妮特已经度过了最初对种族和民族差异感到好奇和新鲜的阶段。她现在知道，人类分成不同的群体——只要她细心识别，就总能发现群体间的重要差异。例如，黑人和白人的肤色不同，这一可见差异就能帮她分辨。但渐渐地，她就发现，细微的差异也很重要，像是犹太人与非犹太人的不同、意大利人和美国人的不同、医生和销售员的不同等等。虽然她没有完全了解所有的相关线索，但已经意识到了群体间差异的存在。

4. 目前，她正处于学习的语言优先性阶段。实际上，她也知道自己处于这个阶段。她知道自己应该讨厌某个群体（既不知道这个群体的名字，也不知道他们的个性如何），也已经了解了情绪意义，但并不知道指称意义。她现在要做的是将正确的内容与情绪对应起来，希望能确定好类别，好让自己之后的行为符合母亲的期望。一旦掌握了语言学标签，她就会像前面那个例子中的意大利小男孩一样，把"波兰人"和"坏人"划等号。

直至目前，珍妮特的发展历程正是我们所说的族群中心主义习得的第一阶段。我们暂且将这个阶段称为**前概化习得**阶段。这个概念指出，孩子还没有形成跟成年人一样的概化。他并不确切知道犹太人、黑人是什么，也不太清楚自己应该以何种态度对待他们。他甚至不知道自己是谁。

孩子的心智活动似乎只停留在特定的情境中，对他们来说，唯一的现实就是此时此刻发生的一切。正在敲门的陌生人是应该让自己感到害怕的东西。他们觉得学校里的黑人男孩脏兮兮的，所以跟自己不是同一种族的。

这种独立且具体的经验一个接一个地出现在孩子们的脑海中。

可见，语言标签在心智发展的过程中至关重要，它们代表的是成年人所做的抽象，是成熟的大人所接受的逻辑概化。不过，孩子在尚未完全准备好将标签应用于成年人的类别时，就已经习得了这些标签。这为偏见的形成做好了铺垫。但偏见的形成需要时间，孩子们经过多次摸索，才能逐步确定相应的类别。

## 偏见习得的第二个阶段

一旦珍妮特的母亲给出了明确的回答，珍妮特就很可能进入偏见习得的第二个阶段——**完全拒斥**阶段。假设珍妮特母亲的回答是："我跟你说过，别和黑人孩子一起玩儿，他们很脏，有病菌，还会伤害你。"如果珍妮特此时已经学会分辨黑人，甚至能够区别黑人和深色皮肤的墨西哥人或意大利人——也就是说，假设她现在已经形成了成年人对种族的分类，那她毫无疑问会在所有场合都强烈排斥黑人。

布莱克和丹尼斯的研究清楚地呈现了上述观点。他们针对美国南部 10 岁和 11 岁的孩子们进行了一项研究。研究人员提出了一系列类似的问题，比如："谁更有音乐细胞——黑人还是白人？""谁更干净？"这些刚满 10 岁的孩子，已经习得了对黑人这个类别的**完全排斥**。他们将美好的品质更多地赋予了白人群体。事实上，白人群体被他们赋予了基本所有的美德，而黑人群体被贬斥得一无是处。

虽然完全拒斥的情况肯定始于更早的时候（通常在

七八岁的孩子们身上就可以观察到），但族群中心主义的观念在青春期早期达到巅峰。一二年级的孩子通常会和不同种族或民族群体的孩子一起玩耍或并排坐在一起。但到了五年级，这种友好的态度就消失了。那时，孩子们就几乎只会跟自己群体的人交往。黑人和黑人一起，意大利人和意大利人一起，都是如此。

随着年龄的继续增长，完全排斥和过度概化的倾向通常会逐渐消失。

因此，经过一段时间的**完全拒斥**后，就会进入**差异化**阶段。孩子们的偏见不再那么绝对，开始允许例外情况的出现，所以孩子们的态度就会显得更理性，更容易被个体接受。比如，有些人会说"我最好的朋友中有几个就是犹太人"或者"我对黑人没有偏见——我一直都很喜欢我的黑人保姆"。不过，孩子刚刚学会像成年人那样排斥某些类别时，还不能做到大大方方地允许例外出现。他们要花六到八年才能学会完全拒斥，之后还需要大约六年来调整这种态度。实际上，成年人秉持的信念非常复杂，其中包含族群中心主义，同时，一个人还要在口头上支持民主与平等，至少要分给少数群体一些良好的特质，这样才能堂而皇之地将自己剩余的不满合理化。对于孩子来说，只有在进入青春期之后，他才会学会用模糊的方式在民主氛围中表达偏见。

8 岁左右的孩子通常说话时带有强烈偏见。他们已经学会了分类，也学会了完全拒斥。但拒斥主要是**口头上**的。他们或许会咒骂犹太人、意大利佬、天主教徒，但仍旧表现得相对民主。他们或许会跟自己咒骂的对象一起玩耍，可见其"完全拒斥"主要停留在语言层面。

孩子长大一些之后，在学校又学到了新的语言规范：他说话时也要民主，必须宣称平等对待所有种族和信仰。因此，面对 12 岁的孩子，我们可能会发现他们语言上接受但行为上排斥的做法。到这个年龄段，即便言语上的、民主的规范逐渐发挥作用，但偏见终于影响到了孩子的行为。

此时年幼的孩子可能言语间并不民主，但表现得很民主，而青春期的孩子言谈中很民主，但行为举止却带着实打实的偏见。15 岁的孩子已经能够很好地模仿成年人的模式了，知道什么场合可以表达偏见，什么场合应该表现民主。此外，他们都知道要如何合理化自己的说辞，以备不时之需。甚至，孩子们的行为也因环境而不同。一个人面对黑人帮厨时可能会很友好，但对从正门走进来的黑人就会抱有敌意。两面派的作风和双重标准的言谈一样不容易习得，一个人要想掌握族群中心主义的艺术，得用上整个童年和青春期的大部分时光。

# 第十八章　后续习得

社会学习是极其复杂的过程。直到现在，我们讨论的也不过是冰山一角。在所有会影响生命早期的重要因素中，我们已经提醒读者注意"认同"这一核心过程。因为这个过程帮助孩子建立了成员身份感，也让他对父母的族群态度非常敏感。我们已经说过，偏见态度的形成大致可以分为前后三个阶段：前概念化阶段、完全拒斥阶段和差异化阶段。直到青春期，孩子才学会通过文化认可的方式对族群进行分类，也直到这时，他才真正形成了成年人的偏见。

我们还没涉及的就是，伴随着偏见习得的整个过程的，是持续整合及组织围绕习得进行的各项活动。人类心智的首要功能就是组织。孩子的种族态度逐渐形成人格中连贯的单元，之后整合在一起，嵌入整个人的性格中。

虽然整合和组织持续不断，但似乎这些活动在青春期期间尤为重要。原因就在于，青春期之前，孩子的偏见大部分是二手的。他如鹦鹉学舌一样效仿父母的观点，或单纯映射其所处文化的族群中心主义。随着苦涩青春期的到来，孩子渐渐发现自己的偏见要想与自己的人格特质相匹配，就必须与其宗教观点和政治观点一样，要依靠第一手的经验。为了成为拥有地位和特权的成年人，青春期的孩子必须塑造出成熟的社会态度——与其自我相适应。

本章将讨论偏见态度整合与组织，主要讨论对象是青春期和青年期的孩子。

## 调节

整合和组织最简单的情形，通常发生在受到创伤或惊吓之时。一位年轻女士写道：

多年以来，我一直都很害怕黑人。原因就在于我还很小的时候，一个煤矿工人（浑身都是煤渣）突然从房子转角走出来，把我吓了个半死。我马上就把他那张黑黢黢的脸和黑人联系在一起了。

突然出现的陌生人带有"生理上的充分性"，能引起强烈的惊吓和恐惧。黑黢黢的脸也是这一惊吓刺激场景中不可分割的一部分。此后，所有黑乎乎的脸都足以成为再次激活这种恐惧反应的线索。

这种简单的调节反应习得不一定带有感情色彩。如果整个过程不带有情绪，那么要想"建立"联想反应就需要多次重复。但在创伤调节中，由于情绪非常强烈，那么"生理上足够"的刺激和"调节刺激"之间的连接只需要出现一次，就可以完成匹配。

　　创伤调节大多发生在童年早期，但也有很多案例出现在年纪更大的时候。

　　虽然创伤习得有时是建立和组织偏见态度的重要因素之一——偶尔也会有消除偏见的作用，但有几项前提应得到考虑：

　　1. 在很多情况下，创伤只是加剧或加速原本已经存在的过程。

　　2. 人们倾向于用简单的童年创伤经历解释自己的态度，而且通常会回想（或编造）相关经历，使之符合自己现有的偏见。

　　3. 只有较少数人认同创伤经历是自己偏见形成的部分原因。

　　4. 创伤不能与连续经验的正常整合混为一谈。如果一个人与特定群体的成员多次接触时总是有类似的体验，那或许就不是创伤的问题，甚至可能不是偏见的问题。

## 选择性感知和封闭

　　形成偏见态度的条件有很多——家庭教养风格；认同和模仿性从众的过程；语言优先性现象，即情绪性标签先于类别出现；调节的过程，尤其是创伤调节；刻板印象概化的早期形成与后期差异等。不过，我们还未探讨的是这些条件对个体心智偏见**结构**的形成有怎样的影响。

　　以专制家庭氛围为例，如果孩子受到严厉管教，永远不能违抗父母的意愿，那么他很难不将生存视为一种威胁。他认为自己认识的人都有其阶层地位，知道自己的地位比一些人高，比另一些人低。除了按照唯一知道的模式安排生活，他还能有怎样的选择？

　　如果偏见的种子是创伤，那么个体就会用自己的感知和推论去贴合既有的方向。以下内容出自一名在近东工作的年轻美国教师，表明即使是在童年时期，筛选和合理化的过程也会存在：

　　我开始接触希腊学生时发生过几次不愉快的事件，都是考试作弊。因此，我无形中就对希腊人有了偏颇的态度。再加上当时希腊和土耳其的关系比较紧张，而且我比较同情土耳其人，这种偏见无疑就会更强烈。可我又很矛盾，我对希腊人新形成的态度，与我对古希腊文化的崇拜有了冲突。二者很难调和，但我还是找到了一种方法。我想方设法搜集证据，证明现代希腊人并不是古希腊人的直系后裔，所以他们没有理由因辉煌光荣的传统而自豪。这种做法完全是偏颇的，因为我没有评估这些证据是否可靠，也没有想过要找反证。

　　在这个案例以及其他类似案例中，都有一些前置因素（家庭氛围、调节、语言标签）给心智设定了倾向性观点，是既有的一套态度或立场。反过来，这种设定又会启动选择性感知和逻辑封闭的过程，进而形成具体的概念系统。有了态度的骨架，我们肯定要增添血肉和外衣，因为最终成品要具体、可行、合情合理——至少要我们认为如此。

## 辅助性习得

这种辅助原则可以这样描述：**使习得的族群态度与个体已有的主流价值框架相适应的倾向。**

辅助原则认为，习得偏见的过程并不完全是外界影响的产物。偏见的来源不仅仅是宣传，不是只受到电影、漫画书或广播的影响。它不只是父母特定的教养方式，也不是通过"封闭"将所有事件进行合理化，更不是盲目模仿或遵从文化。以上所有因素，在孩子发展人生哲学的过程中提供的都是"辅助性"影响。如果某项因素符合孩子的自我形象，能够赋予他地位，为他带来"功能性意义"，那么他就更有可能从其中吸收经验。

## 对地位的需要

孩子似乎有充分理由相信自己比其他人高出一头，西方文化中的孩子更是如此。有些哲学家认为，这绝对是人性中普遍存在的特质。

自然要求每个个体都是自给自足的生物有机体。由此，从某种意义上说，一个人必须以自我为中心。在这个过程中，他不得不培养强大的、喧杂的自我意识。如果完整性和自我方向感受到干扰，他就会愤怒。他具备这种愤怒的能力，当然也具备攻击、憎恨、厌恶、嫉妒和其他自以为是的能力。一旦自尊受到威胁，这种自我复原的机制就会启动，发挥作用。

人如果拥有了愤怒和敌对的能力，那么也就非常容易受到赞美和恭维的影响。一旦美德得到认可，自爱就会借此得到证明，这个人也就能找到自己的个人地位。这种愉悦感具有生存方面的价值，一个人会由此想到，至少在现阶段，他是安全的，也是成功的——不只是在物质世界如此，在挑战性更高、其他人也竞相寻求认可的社交世界中也是如此。因此，人性中的自我主义是生存的必要条件，在社会关系中就反映为**对地位的需求**。

人类还有能力抵消或大幅调整自我对地位的需求。生命的最初是母子之间充满爱意的共生关系。孩子对母亲有无条件的信任，由此发展出与周围环境极为友好的关系——包括周围的人和物。正是有了这种爱的能力，人类合作的建设性价值才得以实现。也正因如此，并非各种性格都无可避免会发展出偏见（尽管从自我角度看，偏见的

产生非常自然 )。

　　不过，目前而言，我们只要承认大多数人都有对个人地位的强烈需求就足够了。

# 第十九章　内在冲突

生活中，偏见很少能够做到毫无阻碍地顺利发展。因为偏见的态度几乎总是与内心深处的某些价值相冲突，而这些价值对人格来说和偏见是同样重要，甚至更为核心的。学校教育可能会与家庭教育相冲突，宗教教义或许会挑战社会阶层结构。要将这些相互对抗的力量融合到一个人的生活中并非易事。

## 愧疚与偏见

当然，在很多情况下，偏见显然要占上风。抱有偏见的人会立场坚定，绝不会允许内心的怀疑或愧疚来撕咬偏见。1920 年密西西比州州长比尔博给芝加哥市长的电报，就很好地诠释了这种毫无愧悔之心的偏见。一战期间，大量黑人移民来芝加哥找工作，后来，芝加哥面临着黑人过多的问题。于是，芝加哥市长便向黑人的故乡征询意见，想将他们遣返。比尔博州长的回复如下：

您关于密西西比州可接受多少黑人的电报已收悉。对此回复如下：我们有无限空间能容留所谓黑鬼，但没有一丝空间可以容纳所谓"黑人女士和先生"。如果这些黑人已经受到北方社会和政治关于平等梦想的熏陶，那我们就无法留用，也不想留用。我们确实非常需要劳动力，只要黑人清楚自己与这个国家中白人的关系，那密西西比州人民一定很欢迎。

带有愧悔的偏见似乎更普遍，因为敌对态度和友好态度会交替出现。这种左右摇摆的纠结心情总让人觉得折磨。

然而，自我觉察并不能自动消除偏见，最多只是让个体开始反思。此外，除非一个人开始质疑自己所秉持的信念，否则根本不会改变。如果一个人开始怀疑自己的信念与事实不符，他就可能进入一段冲突时期。如果对此的不满意积累到一定程度，他可能就会被迫重组自己的信念和态度。自我觉察通常只是第一步，但只迈出这一步还远远不够。

## 内在抑制

如果一个人内心矛盾，他就会抑制住自己的偏见，不表现出来——或者只是适当流露一下。这时，逻辑思维的过程被打断了。

当然，在不同环境下，人的自我抑制程度也不一样。例如，跟家人、密友或街坊邻居聊天时，对少数群体的咒骂或许不会顾及太多，但如果该少数群体的成员在场，恶语相向的冲动就会被抑制住。还有，一个人可能会当面批评少数群体，但不会做出其他有歧视性的行为。只有在少数情形下，偏见才会演变为暴力的、具有破坏性或具有杀伤力的行为。尽管如此，一旦外在控制瓦解，或极端憎恶引起了暴力冲动，上述行为理论上还是有出现的可能。

本书最开始提到的"洛克伍德"先生的案例也是如此。如果洛克伍德先生不是提前写信，而是直接出现在酒店前台，那么加拿大度假酒店拒绝他的概率为多少，就是另一个数据了。

我们不妨如此归纳，民族标签会带来刻板印象，刻板印象继而会引发歧视行为。不过，这个过程可能在抽象的、非面对面的情境中更容易发生，如果一个实实在在的人出现，那么当面拒绝肯定会让人难堪，所以人们也大多会遵从"善良的本性"，抑制偏见的冲动。不过，只有抱有偏见的人感受到了内心冲突，这种情境行为才会发生。

## 内在冲突的应对

我们现在要讨论的是人们通常会怎样应对自己内心的冲突。从心理学角度看，方式主要有四种：（1）压抑；（2）防御；（3）妥协；（4）整合。

**压抑**

无论在什么地方，只要提到偏见或歧视的问题，大家的第一反应都是："我们这儿没这个问题。"无论是市长办公室还是普通人都会这么说——无论是在乡村还是城市，无论是在北方还是南方。当然，大家只是认为所谓"问题"只有暴力行为才算，所以他们实际上说的是："我们这里没有发生过暴乱。"也有可能他们已经适应了当下的阶级差异，所以认为一切都很正常。

遇到不想面对的问题，否认的态度是一种有效的压制手段。无论是对于社区还是个人，只要否认问题的存在，就无需面对由此可能引发的混乱。

如果从个人角度看待这个问题，我们可以说承认自己带有偏见，就相当于指责自己既不理智，也不道德。没有人愿意违背自己的良心。

压抑是一种保护机制，这样人们就不会陷入内心冲突的困境——至少当事人会这样认为。然而，实际上，克制很少单独用于应对内心冲突，通常还要配合自我防御和合理化这两种方式。

**防御**

为了捍卫偏见，证明其没有违背道德价值观，人们最常用的方法就是排布有利于自己的"证据"。此外，一个人还会说服自己这些证据都确凿无疑（足够得出显而易见的结论）。为了印证既有假设而有选择地感知，是防御性合理化的最常见形式。

另一种防御性方法是倒打一耙，反而责备指控人。南方各州盛行私刑的丑闻受到指责时，南方报纸纷纷反击，控诉帮派杀戮也是私刑的一种，且这种情况在北方更常见。这种你也一样的指控能轻易消除罪恶感。你也有同样的错，有什么资格指责我！我没必要听你控诉。

区分法是另一种防御方式。"我对黑人没有偏见，有些黑人是好人。我不喜欢的就是讨厌的黑鬼。""我不讨厌你这个犹太人，只是不喜欢某些犹太佬。"这种区分表面上看似呈现了类别内的差异化，但实际上真的因为将个体之间相区别而全然避免了偏见吗？我看未必。

### 妥协

很明显，一个人在社会生活中会扮演不同的角色，因此难免会做出不一致的行为。

实际上，自相矛盾不仅被允许，且人们也有如此期待——因境制宜。政治家在所有竞选演说中肯定会宣传人人权利平等，但执政之后则需要维护特定团体的利益。美国南方的白人银行家不应该雇用黑人员工，但应该为兴建黑人医院慷慨解囊。

我们不能说这种行为上的不一致是反常的。实际上，僵化的一致性才是疯狂的，才会被视为一种病态。一个人应该随波逐流，见机行事，根据不同场合选择是否顺应偏见。

这种处理冲突的方式可以被称为"轮换"。如果我们对待少数群体时一直是厌恶、敌对、不友善的态度，那么大多数人都会遭受内心冲突，毕竟我们无法一直压抑相反的价值体系。可如果我们也不时表达自己的道德冲动（例如善待黑人雇员、为穷苦之人捐款等），就可以轻易原谅自己在其他情况下表现出的偏见。


## 整合

有些人无法接受自己在扮演不同角色时采取的不一致的行为，认为这有损自己的道德诚信。他们认为，无论在哪种情况下，人都应该忠于自己，这要求人们自始至终前后一致，心智成熟，但做到这一点分外困难。

顺利走上这条发展道路的人，很可能曾因为相当深刻的内心冲突而倍感痛苦。这些人曾认真反思过自己的防御机制，进而发现了缺失的部分。他们无法压抑自己，无法将偏见合理化，也无法心安理得地与偏见妥协，所以希望能面对全部问题，真正解决问题，保证自己的日常行为切实遵循人类关系完全一致的哲学。

这种人能成功摆脱所有因刻板印象而产生的敌意。他们逐渐学会区分邪恶（如偏见）的来源中，哪些是臆想出的，哪些是真实的。一个特定的个体或许有充分的理由被认为是敌人，某些恶习或不讨喜的品质或许让人憎恶，偶尔，一个真实存在的群体有充分理由被当作是反动的。在追寻自己所秉持的价值观时，这些都是真正存在的磨难。但如果一个人正直诚恳，那么种族谣言和代罪羔羊等确实与人类困难毫无关联的东西就会消失不见。

或许能做到整合的人凤毛麟角，但很多人正朝着这一目标前进。他们会从人道主义的视角看待问题，知道芸芸众生都不是自己的敌人，大多数社会定义的恶人既不危险，也没有恶意。他们的憎恶和仇恨只会留给真正威胁到基本价值体系的人。

第六部分

# 偏见的动力机制

# 第二十章 挫折

有一点似乎无可否认，一个人对挫折的本能反应就是某种形式的争强好斗。比如婴儿的要求没有得到满足，他就会又踢又闹。在愤怒之下，爱与和平的迹象会荡然无存，取而代之的是任性和抓狂。但挫折的真正来源并不是婴儿的攻击性，而是任何妨碍他的人或物。

## 挫折的来源

某些挫折来源很可能跟某种偏见的来源关系更密切，另一些则不是。为了更好地梳理，我们可以将生活中可能带来阻碍和不安的来源大致分类。

### 来自体质或个人的挫折

身材矮小是种缺陷，对西方国家的男性来说更是如此——这种缺陷通常一生都会令人困扰。健康不佳、记忆力不足或智力发育迟缓也是如此。然而，就目前所知，挫折的这些来源似乎并不会格外助长偏见。整体而言，身材矮小的人似乎不会比高个子的人更有反犹情绪，身患疾病的人似乎也没有比健康的人有更多偏见。这种类型的阻碍似乎只会让人产生个人层面的补偿和自我防卫，但并不涉及对外群体的投射。

如果一个人被困在矿井下，亟需大量氧气，那他就会立即采取行动应对这种紧急状态，而不会将自己面临的严重挫折归咎于外群体。同样，强烈的饥饿、口渴等生理上的迫切需求也不会引起移置反应。不过，如果人们的需求长期持续受阻，结果就不一样了，持续性的挫折或许会影响对外群体的态度，例如性方面的需求等。

不过，整体而言，身体上的缺陷、迫切的生理需求、疾病似乎都与偏见没有明显关联——除非这类挫折与个体的社会生活交织在一起。偏见是一种社会现实，应该需要某种社会情境。如果偏见中有挫折因素的参与，肯定也具有社会性。

## 来自家庭的挫折

一个人的"原生家庭"包括父母、兄弟姐妹，有时也包括祖父母、叔叔和阿姨等。"再生家庭"则由妻子、丈夫和孩子组成。这两种亲密关系都可能会带来诸多挫折和怨恨。

证据表明，偏见往往跟家庭问题有关。我们此前已经看到，如果家庭中有排斥的氛围，管教方式比较严厉（强调服从和权力关系），那么孩子就很有可能发展出偏见。

但这并不代表家庭冲突会不可避免地让人对外群体抱有敌意。大多数家庭争执可以通过无关种族歧视的方式得到解决。

## 邻近的社群

大多数男人，还有很多女人，待在学校、工厂、办公室或部队等外群体的时间比待在家里的时间还长，但在学校、公司、部队的生活往往比在家更让人有挫败感——且大多数情况下都是如此。

以下案例出自一名大学生之手，说明了在家庭和学校生活中感受到的挫折如何共同引发了偏见：

我整个上学期间收获了很多荣誉，甚至还跳过一级，可我没有得过全优秀的成绩，所以并不开心。我父亲曾夸耀自己上大学时不是得A就是A+，同时还有一份全职工作。父亲总是跟我念叨这个，责备我比不上他。我真的特别受挫，不管怎么讨好他都不成功。最后，我找到了一种自我安慰的方法，就是告诉自己和别人是犹太人作弊，所以我才没拿到优秀。（仔细想想，我不知道超过我的男孩子们到底是不是犹太人，也不确定他们有没有作弊。）

这个例子值得研究的地方在于它呈现了主观挫折**感受**的重要性，也体现了**客观挫折**的相对不重要。实际上，这个男生成绩不错，但主要就是因为他父亲的批评，这种优秀反而**被视为**一种失败，由此引发出的不是成就感，而是挫败感。

挫折跟偏见之间的关系由此确立。

### 疏远的社群

很多挫折感与更广泛的生活情境有关。举例来说，在美国激烈竞争的环境下，如果一个人未能在学业、受欢迎程度、事业成就和社会地位方面达到业已设置的高标准，那他一定会感到愤愤不平。

这种竞争或许会让人觉得，每个新人都会拉低自己成功的概率。这也解释了为什么当下很多人不愿意接受难民。

移民限制是近一段时间才出现的。在美国发展的早期阶段，工厂和农场都需要大量移民，所以移民也来到美国做工。由于到处都人手短缺，所以是白人还是黄种人都没关系，只要能开发资源就好。渐渐地，情况发生了改变。曾经很受欢迎的移民，生活水平提高了很多。他们成了自由人，拥有土地，通常地位也有所提升，财富也逐渐积累。于是，美国人就开始担心资源和权力被分走。经济学家告诉我们，开放的移民政策有利于国家发展，但经济方面的建议无法掌控移民政策。

## 挫折耐受力

并非每个遭受挫折的人都会产生偏见。由于每个人处理挫折的方式不同，有些人的挫折耐受力会更高。

## 对挫折的反应

我们现在要讨论的是整个偏见问题的核心。一方面，大量证据显示，挫折可能会由攻击移置，让人对外群体抱有敌意。另一方面来看，我们必须要注意，不应该夸大这一过程的重要性。一些支持这种说法的狂热分子会说："挫折总是会引发某种攻击行为。"这并不正确。果真如此，那么我们所有人（毕竟每个人都会遇到挫折）就都应该有很强的攻击性，也会时不时产生偏见。

面对挫折时，人们最常见的反应根本不是攻击，而是直接想办法克服障碍。诚然，婴儿对挫折的反应通常是愤怒。但随着孩子长大成人，学习不断深入，就会习得相当程度的挫折耐受力，并学会用毅力、计划和巧妙的解决方案替代最初的愤怒倾向。

# 第二十一章　攻击性与仇视

攻击通常被视为社会弊病出现的核心因素。经历过一个多世纪的血腥杀戮，社会科学家纷纷将焦点转移到攻击性上，并常常将之作为基本的解释原则。尽管"攻击"这一概念是因为弗洛伊德而得以普及，但它可以被所有心理学派引用。

## 攻击性的本质

弗洛伊德本人以及很多精神动力学家的著述都倾向于认为，攻击是一种普遍的、本能的、如高压锅一样的力量，是生存的少数几个原动力之一。它无处不在，迫切地寻找出口，基本无可避免。弗洛伊德写道：

人们很快发现，很难不去满足本能的攻击性倾向……只要存在用于宣泄攻击性的对象，就总能紧密团结一批人。

弗洛伊德将攻击性的本能与杀戮或摧毁的欲望相等同。归根究底，这种本能将带来自我毁灭的效果。

不过，这种"攻击是本能的、高压锅一样的力量"的论调显然站不住脚，因为其中牵涉了太多不同的动机，行为的结果也不尽相同。因此，将婴儿毫无恶意的吸吮、美国商人的企业家精神、虐待狂的残忍和失业者的愤怒等都归为同一种本能的行为是十分荒谬的。

"本能"和"能力"之间的区分至关重要。本能需要一个出口，而能力只是一种潜在的力量——或许永远都不会发挥作用。这种区别对于我们看待偏见的角度显然非常重要。假如攻击是一种本能——总是需要被满足，那么克制或消除偏见的前景就很黯淡。但如果攻击只是一种反应式的能力，那就可以设法创造内部或外部条件，避免激发这种能力。至少从理论上看，我们可以尽量减少家庭和社区造成的挫折，可以培养孩子应对挫折的能力，避免外向攻击他人，或是引导孩子攻击性的主要来源在于挫折，而不是让他们寻找替罪羊。

## "排解"的问题

人类学家克拉克洪写道："在所有已知的人类社会中，一直或多或少地存在着毫无来由的攻击性。"接着，他解释道，通过反应式的假设，我们会发现社会化的过程中，多数文化中的孩子都受到许多限制，而在所有社会中，成年人都要面对严重的剥削和挫折。因此，攻击性的冲动肯定会不断积累、聚合。有时候，长期积累的愤怒就会构建成大量模糊的莫名的抱怨。生活较为顺利的时候，无法解释的攻击性自然也就较少。

目前为止，我们还可以接受这种说法，它既适用于探讨整个人类社会的情况，也适用于讨论个体的情况。一个人如果总是抱怨、心怀愤恨且对外群体抱有偏见，那么心中就会积累很多无法疏解的反应式攻击性。在经历了一系列挫折之后，攻击性无疑会堆砌起来，但他却不知如何处理。

至于克拉克洪之后用高压锅和安全阀来解释攻击性行为的出现，很难得到我们的认同：

在很多国家，这种"毫无来由的攻击性"主要通过周期性（或几乎是持续性的）战争得到宣泄。在某些文化繁荣发展时期，人们似乎能够将大部分攻击性转化为具有社会意义的创造性能量（例如文学和艺术作品、公共事业、发明创造、地理探索等）。在多数国家的多数时期，这种能量的很大一部分会通过不同渠道消解，比如日常生活中的小脾气、具有建设性的活动、偶尔发生的战争等等。不过，纵观历史，在大多数国家的不同年代，这种攻击性的能量都将矛头指向国家中被隔离的或分散的少数群体身上，这有可能是长期的，也可能是短期的。

若说毫无来由的攻击性可能会通过文学、艺术、公共事业等创造性工作得到纾解实在有些牵强。毕竟，人在绘画或设计图纸时不会带有攻击性。克拉克洪的描述似乎完全遵循了弗洛伊德的观点，认为人类必然有一定的攻击性，会"流动到"任何地方，甚至升华为非攻击性的能量。

同样令人质疑的是，战争是否能"排解"毫无来由的攻击性。通过之前的证据，我们已经看到，实际发生的情况正好相反。如果这种排解理论是正确的，那么战争期间，国家内部的争端就会减少。如果在二战期间，美国公民毫无来由的攻击性都全部被导向德国、意大利和日本等敌国，那么美国内部就应该分外和谐。但事实上情况正好相反。

## 作为人格特质的攻击性

尽管我并不赞同弗洛伊德关于攻击性的某些观点，但我却认同他的一个观点：个体处理攻击性冲动的模式是其人格结构的重要特征之一。

不过，我认为，攻击性是一种能力，而非一种天性。攻击性的本质是反应式行为。有些人只有在面对特定客观刺激时才会表现出攻击性，但这并不会成为他性格中根深蒂固的特质。正常的反应式攻击性具有某种适应性特征，比如：

1. 只适用于自我防卫或保护他人；

2. 直接针对真正的敌人，即挫折真正的来源；

3. 不会伴随着愧疚感，因为该行为完全合情合理；

4. 适度，但足够；

5. 时机恰当，如敌人比较脆弱的时候；

6. 以成功为目的；

7. 除非受到严重冒犯，否则不会轻易出现；

8. 不会与此前毫不相关的挫折混淆，例如童年早期感受到的挫折。

如果人们能够理性地适应这种攻击性，那就不会形成偏见。只有个体的攻击性违反了上述正常的标准，我们才能说这个人的性格中存在着不健康的攻击性特征。

有些人出于某种原因，无法对攻击性有正常的反应，因此处理攻击性冲动就成了一个严重的问题。在这些人身上，攻击性不只是一种能力，而且成了性格的一部分，不再是理性的、具有适应性的，而是习惯的、带有强迫性的。面对刺激，这个人的反应会过度、不妥帖、不恰当。如果我们发现一个人的攻击性冲动背离了上述所有八条标准，那就可以说这个人真正有病态的攻击行为。

攻击性失调由此可能会成为一种深层的性格障碍。这是因为正常的反应性攻击行为受阻，精神分析学家提醒过，这背后的原因可能来自家庭或个人，也有一部分可能是来自文化压力。

# 攻击的社会模式

美国热爱竞争的生活氛围突出了某些种类的攻击性。一个小男孩就应该为自己争取权利，必要时甚至可以与人拳脚相向。在某些地区，风俗习惯允许人们对特定少数群体通过言语或肢体表现敌意。然而，文化不仅为攻击性行为的发展提供了规范，也成为很多个体出现特定挫折的原因。

帕森斯指出，社会结构的某些特征对攻击性特质的养成有显著影响，而这种特质之后容易让人产生偏见。在西方家庭（尤其是美国家庭），一天之中，父亲大部分时间不在家，孩子就丢给母亲照顾，所以母亲就成了孩子唯一的效仿对象和导师。很早的时候，孩子就会认同母亲。由于家庭中的女孩很早就会知道，自己将来也会成为家庭主妇和母亲，所以很少会因为认同母亲而困扰，甚至从来不会困扰——至少头几年如此。然而，家里的儿子很快就陷入了冲突。女性的行事作风并不适合男孩子，尽管他已经适应了，但也很早就察觉到社会对自己有一套不同的期望。男孩子会学到，男性拥有更多行动的自由和力量，女性则相对柔弱。尽管小男孩与母亲的联系很紧密。母亲给他的关爱满足了他内心最深处的需要，但这种爱是有条件的，他应该勇敢，像个小男子汉。正因如此，从某种意义上说，男孩子又必须否认自己认同的女性特质。

男孩子稍大之后可能会强烈认同自己的父亲，尤其是父亲的男子气概，这是一种过度补偿。由此，男孩子在青春期的那种粗狂、倔强和上不得台面的行为就可以得到解释，至少部分可以归结于"对母亲主导地位"的过度反应。虽然绝大部分男性可以平稳度过这一段时间，最终在"对母亲的敬爱"和"必要的男子气概"之间找到平衡，但有些男性依旧会过度依赖母亲，同时过度攻击外在环境。

父亲通常也会诱导男孩，将男子气概强行灌输给孩子，将拓荒传统中的竞争文化传递下去。他鼓励男孩表现勇气，甚至很多时候是超乎他年龄的勇气。这一标准或许超过男孩可以企及的高度，所以最常见的反应之一就是孩子将纯粹的攻击性与男子气概相混淆。男孩至少会学到措辞强硬、大声批评或痛骂外群体。随着时间的推移，这种假装出来的凶猛态度可能会演变成真正的敌意。美国文化中的帮派模式和"坏男孩"模式基本上都是强迫性男子气概的反应，从某种程度上说，族群偏见也是。

美国家庭中的女孩通常不会经历这种内心冲突。但文化也是其挫折的来源。美国文化赋予女性的是弱势地位，很多女孩会将对此的憎恶深埋于心。同样，女性几乎会将一切押在成功且浪漫的婚姻上。如果婚姻失败，女性并不像男性一样有诸多逃离的出口，所以通常会比男性感受到更强烈的挫败感。女孩同样也无法逃脱文化中对男子气概理想的强调。女孩也想适度地"强硬"，但这种倾向或许会因为她们在社会秩序中的女性角色而被严厉打压。

然而，考虑到家庭和职场普遍存在的挫折，想想被压抑着的以免不恰当表达的敌意，我们不禁会惊讶，竟有这么多人没有对外群体产生偏见。

## 仇恨的本质

愤怒是转瞬即逝的情绪状态，因为某些正在进行的活动受到阻止而被激发出来。由于愤怒会在具体的时间，在某种可识别的刺激下出现，所以它通常会导致对挫折感来源的直接攻击，或对这一来源施加伤害的行为。

弗罗姆认为，我们有必要区分两种不同的仇恨：其中一种是"理性仇恨"，另一种是"性格使然的仇恨"。理性的仇恨具有重要的生物性功能，只有个体基本的自然权利被侵犯时才会出现。每个人都痛恨会威胁自己自由、生命和价值观的东西，此外，如果社会化程度较高，一个人也会憎恨威胁他人自由、生命和价值观的东西。

"性格使然的仇恨"是一种持续存在的憎恨心态，随时会出现。尽管这种情绪可能是一个人长期对生活极度失望才出现的，但几乎与现实脱节。这些挫折积累成"毫无来由的憎恨"——是毫无来由的攻击性的主观对应物。于是，这个人就会带着一种模糊的、情绪性的委屈，并且想要将这种感觉极端化。他必须要憎恨一些东西才行。这个人或许并不清楚憎恨的真正根源，但能轻易找到受害者和仇恨的借口。饱受生活打击的人最容易发展出性格使然的憎恨。

我们所仇视和攻击的对象通常是外群体，而不是个体。毕竟，人与人之间总是相似的——就像仇视者本人。一个人很难不去同情受害者。攻击这个人或许会让我们自己痛苦。由于被攻击的个体有和我们相似的身形，所以我们自己的"身体形象"也会牵涉在攻击行为中。但群体是没有身体形象的，它更为抽象，更不具有人的特性。如果是有可见差异特征的群体，情况就更是如此。我们很容易将一个人当作外群体的成员，而不是将他视为独立的个体。可即便是这样，这个人依然与我们有相似之处。

这种有恻隐之心的倾向似乎可以解释一种我们常常可以观察到的现象：憎恨抽象群体的人，在对待该群体中个体成员时，实际往往会公平且友善。

# 第二十二章　焦虑、性与愧疚

## 恐惧与焦虑

理性和适应性恐惧带来了对危险来源的准确感知。疾病、即将发生的火灾或洪水和拦路强盗都会引发真实的恐惧。一旦人们能准确察觉到威胁的来源，通常就能予以反击，撤回到安全地带。

有时候，人们虽然已经正确察觉到恐惧的来源，但却无法控制。担心失业的工人还有生活在核战威胁笼罩中的城市公民都被恐惧侵扰，却无能为力。在这种情况下，恐惧就会演变成一种长期存在的心理状态，即我们所说的**焦虑**。

长期焦虑会让人时刻警醒，轻易就将各种刺激都当作威胁。一个一直担心自己会失业的人总觉得周围都潜藏着危险，因此会过度敏感，认为黑人和外国人会抢走自己的工作。这实则是移置了真实的恐惧。

有时候，恐惧的源头不为人所知，也有可能已被遗忘或被克制住。外在危险过后，人们内心会残留着脆弱感的残渣。残渣慢慢累积，就成了这种莫名的恐惧。时间流逝，当事人可能会在生活中屡屡受挫，形成一种全盘无力感。

他害怕生活，也害怕自己的无能，所以怀疑其他能力更强的人，将其当作威胁。

因此，焦虑是一种会弥漫的、非理性的恐惧，没有任何具体的指向目标，也无法被自我省察所掌控。如一块油渍，它浸染了个体的生活，也让个体的社会关系有了污迹。个体由于无法满足自己在归属感上的需要，就可能会无法控制地对某些人有过度占有欲。但这种强迫性的社会关系又会让个体产生新的焦虑，如此恶性循环。

## 经济不安全感

虽然不少焦虑源起于童年，但成年之后也会遇到不少巨大的焦虑源。经济短缺的情况下焦虑就更明显了，比如经济下行、失业、经济萧条和普遍存在的经济不足等。

如此前所述，有时候可能确实会存在现实的冲突，例如黑人工人的地位提高之后，可能就会跟其他人竞争工作，本地底层白人的不安感就开始蔓延。但通常而言，人们感受到的"威胁"会与当时情景下的实际有出入。无论是否存在真实的危险，只要外群体成员表现出有志向或有进步的迹象，那忧心忡忡的边缘人就会陷入一种无谓的恐惧之中。

大多数国家的人民对自己的财物都有极强的占有欲，这是保守主义的堡垒。任何威胁，无论是真实的还是想象出的，都会刺激焦虑和愤怒（二者的结合为仇恨的滋生提供了尤其适合的温床）。

## 自尊

人对经济的担忧源于饥饿和生存的需求。但理性需求得到满足后，忧虑依旧长期存在，并衍生出对地位、名望和自尊的渴望。果腹之需已成为过去，钱也不再是问题——但金钱永远买不到生活中总是短缺的一样东西：**地位差异**。

并非每个人都能"站在山巅"，也并非每个人都渴望如此。但大多数人都想在地位的阶梯上更进一步。"这种渴求，"墨菲写道，"就像是缺乏维生素一样。"他认为这就是民族偏见的主要根源所在。

人对地位不保的挥之不去的恐惧，呼应了对地位的渴求。人们为了保住岌岌可危的地位格外努力，因此对其他人的贬低几乎是反射式的。

## 性

如同愤怒或恐惧，性也出现在生活的各个层面，也可能会通过各种方式影响社会态度。和其他情感一样，如果能通过理性和适应性的方式予以引导，性也不会过度扩散。但在性失调、性挫折和性冲突的情况下，紧张感就会从情欲领域出发，蔓延到生活的其他角落。

黑人的特征之所以让人容易联想到性，其中有微妙的心理因素。黑人看起来深沉、神秘、遥远，但同时让人觉得温暖、有人性、容易亲近。这些神秘的和禁忌的因素交织在一起，就对清教徒社会形成了性吸引力。性是禁忌，有色人种也是禁忌，二者渐渐融合。因此，难怪有偏见的人会将包容者称为"黑鬼的爱人"。

美国有数百万混血儿，这就证明了种族之间的性吸引力确实存在。肤色和社会地位的差异似乎更容易引起的是性吸引，而非性排斥。经常有人说，下层阶级的人似乎对上层阶级的人尤其有吸引力。文学作品中也常有富贵人家的小姐与马车夫私奔，风流公子与底层女性恣意放荡的桥段。这都说明了同样的事实。

现在，跨种族性迷恋虽然常见，但很少会通过正常方式表达。青年男女的跨种族约会是社会禁忌。就算是法律允许的异族通婚，实际上也很少见。哪怕夫妻二人情深意重，但社会施加的种种压力，也会让两个人产生严重分歧，痛苦不堪。男女双方的性关系必须暗中进行，为社会所不容许，常常伴随着罪恶感。然而，迷恋太过强烈，就算是最严格的禁忌也通常会被打破。不过，打破禁忌的往往是白人男性，而非白人女性。

至于为什么有偏见的人总千篇一律地将婚姻问题作为挡箭牌，这本身就是一个关于合理化的问题。他们用最不可否认的论证来混淆视听，迷惑反对者。就算是包容的人，可能也不会支持异族通婚，因为在充满偏见的社会中，这种做法很不明智。所以，反对的人可能会说："不，我不会这么做。"这时，抱有偏见的人就占了上风，马上就会说："你看，说到底还是有不可逾越的鸿沟。所以我是对的，我们必须另眼对待黑人，他们跟我们不同，是完全不受欢迎的群体。我对他们的批评完全有理有据。我们最好就让种族的藩篱竖在那里，免得让人对异族通婚抱有期待和希望。"由此，异族通婚的问题（实际上与大多数黑人问题无关）就强行成为捍卫偏见和使之合理化的盾牌。

## 罪恶感

每个人或多或少都会有罪恶感，但并非所有人都会将这种情绪状态与族群态度混杂在一起。与愤怒、仇恨、恐惧和情欲一样，罪恶感也可以用理性的、具有适应性的方式处理。只有某些特定的性格会纵容这种状态形成偏见。

以下列出几种应对罪恶感的主要方式。

## 懊悔与补偿

这是最受道德认可的反应。它是完全内责型的，避免将责任推卸给其他人。一个经常内省悔过的人，不太可能会从其他人身上找借口，尤其不会苛责外群体。

虽然不常出现，但我们有时候会看到，曾经迫害外群体的人会幡然悔悟，转而支持自己此前憎恨的对象。不过，更多时候，较为敏感的人会感受到一种**集体罪恶感**，比如出于这样的动机，一些白人劳工会努力改善黑人的生活条件。他们有高度的内责倾向，认为自己的群体行事有错，所以会尽力弥补。

## 偶尔的补偿

有些人虽然本身坚信白人至上主义，但还是会在一定程度上为黑人谋求福祉。他们认为，只要自己时不时表现出没有偏见的样子，就可以保有基本的偏颇态度。"我们常常做好事，"拉罗什富科写道，"这样做坏事的时候就不会受到惩罚。"

## 否认罪恶感

逃避罪恶感的常见方式之一，就是坚称自己无需感到内疚。为歧视开脱时，人们常说："他们跟自己人一起更自在。"南方人普遍认为，相较于北方的雇主，前者更"懂得"他们。二战期间，人们出于同样的原因，也认为黑人更愿意听令于南方军官，而非北方白人军官。但事实恰好相反。

## 抹黑指控者

没人喜欢被人指责自己的过失。面对正义的指控，常见的防御方式就是辩称指控者说的不是事实。当哈姆雷特质问母亲为何背弃父亲，还要嫁给自己的杀父仇人时，他的母亲没有直面自己的罪恶感，反而说哈姆雷特"捏造事实"，说的都是疯话。其实，哈姆雷特是想让母亲明白，她只是想通过合理化逃避良心的谴责。

在族群关系领域，那些试图唤醒人们良知的人会被称为"麻烦制造者"。

## 将偏见合理化

最简单的逃避方式，就是声称被仇视的人罪有应得。我们之前提到，很多抱有偏见的人都会采取这种方法。这属于毫无愧疚的偏见。在任何情况下，抱有偏见的人总会借用"罪有应得"论向外归责，从而逃避内心的罪恶感。

## 投射

所谓罪恶感，就是人因为某些过失而责备自己。但严格来说，只有此前提到的懊悔与补偿符合这一定义，也只有这一点属于理性的、适应性的反应模式，其他都是**逃避罪恶感**的手段。诸多逃避罪恶感的方式，有一个共同点：一个人自我指涉的感知被压抑了，偏向某些外向感知。没错，罪恶感是存在，但那不是罪恶感。

因此，所有逃避罪恶感的行为都会牵涉到某种投射机制。比如说，有一种方式就是为了减轻自己的罪恶感，就指出其他人身上有更大的罪行。

无论何时，无论通过何种方式，只要没有正确评估自己的情绪状态而错误地评判他人，就可以说是投射的心理动力过程。这对理解偏见至关重要。

# 第二十三章　投射

我们可以这样定义投射：将自己身上的动机、特质，或是将某种解释或合理化自身动机或特质的方式，错误地归到其他人身上。投射至少有三种类型：

（1）完全投射

（2）刺与梁木式投射

（3）互补式投射

## 嫉妒

一个嫉妒别人的人，也心知肚明自己是在嫉妒。这种情绪状态绝大部分没有被排除在意识之外，但伴随着简单的嫉妒，某些奇怪的心理活动将立刻启动。

以二战时期前线部队的态度为例，他们嫉妒工作相对不危险的人，例如被分配到军需部门、司令部还有其他负责后勤任务的连队。由于没有享受到这类特权，他们通常会形成两种可以称之为"初期偏见"的观点：

（1）他们逐渐怨恨不用上战场的士兵，批评所有后勤连队。大约有一半的前线士兵公开承认了这种愤恨的心情，哪怕前线将士面对的危险和不适并不是后勤连队士兵造成的。这种现象告诉我们，人们可能会对完全无辜的人心怀怨恨，就因为他碰巧比我们拥有更多特权。同时，人们还会任由不合逻辑的想法作祟，将自己的被剥夺感都归咎于那个无辜的人。无辜的人自此被视为一个人不幸的原因，即便事实并非如此。

（2）同时，前线部队还产生了一种优越感。虽然前线部队希望跟工作更安全的部队调换岗位，但仍觉得自己高对方一头。强烈的内群体自尊成了弥补缺憾的方式。我们看到的是"对内群体忠诚"和"对外群体轻蔑"的相互关系。这如同硬币的两面。

当然，嫉妒并不一定会导致偏见。但在这个案例中，我们明显可以看到，如果一直没有轮换的机会，前线部队的初期偏见肯定会定型。我们在此要说明的就是，在嫉妒的状态下，人很容易形成最基本的投射。嫉妒的人会把人往坏处想——比实际的更坏。

## 外责型人格特质

我们此前已经指出，有些人会有外责型的性格特质，总是寻找推脱责任的借口。希特勒就是这样的人：他将早期生活中的失败归咎于糟糕的世界、糟糕的学校和糟糕的命运，将大学落榜归咎于生病，将政治失意归咎于他人，将斯大林格勒的战败归咎于将军不力。他还谴责丘吉尔、小罗斯福和犹太人发动战争，似乎不曾为任何过失或失败而自责。

对儿童的研究显示，人在早期就有找借口推卸责任的倾向。在幼儿园里，我们可以听到各种借口，比如"我不能用纸杯喝橙汁，我会想吐"，还有"我不能侧躺着睡觉，妈妈不让"等等。渐渐地，孩子学会将责任推给其他人。不过，值得一提的是，尽管孩子很早就学会找借口推卸责任，但六七岁之前很少将自己的错误怪到别人头上。

外责型愤怒有让人振奋的作用。自己做得好，对他人，甚至对命运生气就像是一种近似狂喜的状态。这种快乐是双重的，一方面释放了心里压抑的紧张与挫折感，另一方面保全了个人自尊。错都在别人，我是清白正直的，是受害者而非加害者。

从最严重的偏执到最温和的吹毛求疵，"怪罪别人"的倾向有程度之分。但这些都反映出一点：个体从理性的、客观的思维退回到投射性思维。

即使以内心公正为傲的人，也很容易无意之中将大部分责任归结于他人。

## 压抑

只有一个人对周围情景的（具有洞察力的）内心感知被蒙蔽时，投射才会出现。这种情况已经非常普遍。具有"不当交易情结"的人只是对环境的全貌缺乏洞察力，不知道自己应该承担多大责任。他们拒绝面对内心的缺陷，认为可以随心所欲寻找外在恶意为自己开脱。

压抑就是个体将全部或部分个人的冲突排除在意识和适应性反应之外。所有不被意识所接受的东西都可能被压抑，如果直面冲突中的某些因素会让人自尊有损，那情况就更是如此。被压抑的东西通常涉及以下几个方面：焦虑和恐惧；仇恨，尤其是对父母的仇恨；不被认可的性欲；从前的过失，特别是一旦直面就会引发罪恶感的那些；早期的愧疚感和羞耻感；贪婪；残暴与攻击冲动；对婴儿式依赖的渴望；自尊受损以及所有赤裸裸的利己主义的表现。这份列表还可以继续扩展，将当事人无法将其整合进意识生活中并妥善处理的、反社会的或不被接受的冲动、情绪和情结都包括在内。（必须注意的是，并非所有压抑都是有害的。有些压抑是牺牲不必要的冲动，进而获得更大利益。因此，人可以在自己的人生哲学中将贪婪、欺诈或放荡的倾向彻底且有效地排除。这种压抑是必要的，也是良性的。

我们在此只讨论**无效压抑**，因为它会带来麻烦的后遗症，扰乱个体的性格，损害其社会关系。）

无效压抑给生活带来痛苦，让人苦恼的内在冲动不时会冒出来，但个体却无法适应，无法将这种不安转化为恰当的行为。面对内在冲动和行为的不一致，投射机制就会牵涉进来。这样的人会外化整体情景，只关注外部世界。如果他有破坏性冲动，就会将之外化到其他人身上。

## 生动的墨迹测验

如果外部对象自身缺乏固定的结构，那么人们会容易将内在状态投射到该对象身上。光天化日之下，我们不会将路边的树丛看作公路盗匪，可到了晚上，一切对象都掩藏在昏暗之中，那么我们很容易就会将恐惧投射出去。

临床心理学上的"投射测验"就是利用没有固定形态的对象，让受试者将自己内在的状态任意投射。如果受试者看到一幅年长女士和年轻男性在一起的照片，但并没有说明两人的关系，那受试者可能会认为这是母亲和儿子，而受试者根据这幅图片所讲述的故事，很可能会透露出其内在的压抑（例如过度依赖、敌意，甚至是不伦的欲望）。

最著名的投射媒介就是墨迹测验（也称罗夏测验）。面对形状不明的墨迹，人们心里想着什么，往往在大脑的暗示下就会看出什么。此外，重要的不只在于人们看到的东西，也在于人们对墨迹的细节和构图的处理和组织。

对于不安的压抑者来说，被攻击的外部群体就是现成的罗夏墨迹测验。这些外群体神秘且陌生，没有具体形态，几乎可以是任何样子。此外，外群体一向被人认为是邪恶的。因此，人们可以把外群体当作内心压抑的内疚、焦虑和憎恶对外释放的靶子。

## 直接投射

纳粹指责犹太人"残酷成性"，这就是最明显的**直接投射**。

将一种完全属于我们自己的特质完全强加在另一个人身上，但另一个人根本不具备这种特质。就像我们说爱偷盗的人看谁都像小偷，喜欢耍聪明的人觉得身边每一个人都富有心机。这种心理机制的保护意味非常明显：这就是安慰良心的假象。一个人可以批判某种邪恶的特质（比如贪婪、懒惰、欲望强烈、肮脏）——这种特质出现在别人身上，而不是在他自己身上，唯有这样他才觉得舒坦。**直接投射是解决自身矛盾的方式，将实际上属于投射者的情绪、动机和行为强加在另一个人（或群体）身上，但被投射对象完全不应承担这种指责。**

临床上还观察到另一种投射倾向：对自我评价比较低的人，也会给予他人较低的评价。这一发现显示，帮助个体提升自尊，比直接要求他尊重他人更有效。一个人有自尊，能与自己和平共处，才会懂得尊重别人。对其他人的憎恨或许也是对自身憎恨的镜像反映。

这种类型（以及其他任何类型）的投射不能真正解决问题，只是一种暂时的、自我恢复的伎俩。至于人的天性中为什么会出现这种不良的适应机制，我们还不得而知。本质而言，这只是一种神经质的工具，并不能从根本上缓解受害者的愧疚感，也无法建立长久的自尊。受人憎恨的替罪羊只是掩盖了长久的、未被察觉的自我憎恨。恶性循环由此开始。一个人越是憎恨自己，就越是憎恨替罪羊，但他对替罪羊的仇恨越是强烈，对自己的逻辑和清白就越是不确定，也就会投射越多的罪恶感。

## 刺与梁木式投射

"只见别人眼中有刺，不见自己眼中有梁木"是经典的圣经成语，形容对别人的缺点横加指责，对自己的缺点却视而不见。即严以律人，宽以待己。刺与梁木式的投射可以这样定义：**夸大别人身上的特质，但这种特质在他人和自己身上都有出现，只是我们或许并没有意识到。**

　　有的时候我们会在茶水间听到这样有趣的职场对话："珍妮说话总是给人一种装腔作势的感觉，不是吗？""哦亲爱的可可，或许你没意识到，其实你自己讲话的风格也差不多。"大多数学者并没有将这一过程与直接投射相区分，就算二者确实很相似，了解它们之间的差异也很有必要。"投射屏"很少能完全避开我们所指控的缺点，每个人都能点出几个不诚实的犹太人或是几个懒惰的黑人。可以说，在这些群体中，"刺"的确存在，但看到墨迹的人只会抓住细节不放，夸大其重要性。如此，他就可以避开观察梁木的必要了。

　　可以说，刺与梁木式投射就是一种"感知强调"，我们看到的比实际存在的更多，且我们之所以能看到，就是因为它反映了我们潜意识里的心理状态。

## 互补式投射

　　我们现在要讨论的是另一种截然不同的投射形式。它并不像是镜像感知，而更像是理性的感知，为我们自己的不安情绪寻找原因。互补式投射或许可以定义为：**以想象的他人的意图和行为来解释自己的心智状态并使之合理化**。在真正的互补式投射中，个体对他人意图和行为的描述必然是错误的。

　　以下这项实验说明了互补式投射的发生机制。参加派对的一群孩子看了一些陌生男人的照片后，要说出对每个人的看法：他是否友善，是否对他有好感等等。接着，孩子们要在昏暗的房间中完成让人毛骨悚然的"谋杀"游戏。这段毛骨悚然的经历后，他们要再次对照片中的男士进行评价。这时，孩子们会认为每个陌生男士似乎都具有威胁性，认为那些都是危险的陌生人。其实，孩子们要表达的是：我们很害怕，所以他们很危险。

　　在偏见问题方面，互补式投射有大量参与，尤其是植根于焦虑或低自尊的偏见。怯懦的家庭主妇害怕流浪汉，所以就会给门都上两道锁，怀疑所有路过的人都不安好心。她还可能轻易相信可怕的谣言，认为黑人都囤积了很多冰锥，准备攻击白人，要么就是觉得天主教堂的地下室里堆满了枪支。在她看来，周围都是具有威胁性的群体，所以她无从说起的焦虑就在自己的脑海中得到了理性的、正当的解释。

第七部分

# 人格结构

# 第二十四章　偏见型人格

正如我们所见，偏见可能成为个人生活的一部分，进而也会影响个人性格。不过，偏见并不总是采取这种方式，有些偏见只是遵从性的，族群中心主义轻微，本质上和人的整体性格无关。但通常而言，偏见的影响是人生过程不可分割的有机组成部分。

## 功能性偏见

所有性格使然的强烈偏见中都会共同出现我们所谓"威胁导向"的因素。偏见者的性格深处似乎潜藏着不安全感，无法毫不怯懦地直面世界。他似乎有些害怕自己，包括自己的本能和自我意识，同时害怕所处的社会环境的改变。由于他无法跟自己和其他人安然共处，所以不得不根据自己的人格缺陷组织生活方式和社会态度。他的自我残缺不全。

所以他需要多功能的精神支柱：能为过往失败提供安慰，能为当下行为给予安全引导，还要确保有面对未来的信心。尽管偏见本身无法满足所有需求，但仍在整个保护性调整过程中扮演着重要角色。

偏见下的压抑可能会带来以下后果：

· 对父母的矛盾情结

· 道德主义

· 二元论思维

· 对"确定性"的需要

· 矛盾外化

· 制度主义

· 权威主义

由于偏见者无法勇敢地正视冲突，所以这些特征都是他为"脆弱自我"寻求到的帮助。因此，偏见对于某种性格的人来说具有重要的功能意义，以上就是该类性格的特点。

## 对父母的矛盾情结

在对一些反犹女学生进行墨迹实验后，研究人员发现："这些女生都说自己很喜欢父母，无一例外。"然而在对图像的解读中，她们大多数都指责图像中的父母苛刻且残忍，表现出身为女儿的嫉妒、怀疑和敌意。相较而言，同一实验中没有偏见的受试者会用批判的眼光看待父母，与采访者坦诚沟通，在投射实验中表现出的敌意比较少。

后者对父母的看法更为差异化，既能看到父母的缺点，也能公开批评，但同时还能看到优点，整体而言与父母相处愉快。但带有偏见的女孩则是撕裂的：在公共视野里表现得甜美开明，但内心深处通常会有强烈的不满。她们的感情充满矛盾。

尽管有偏见的年轻人对父母暗藏不满，但很少在意识形态上与父母有分歧。儿童会接受父母的观点，尤其是父母关于族群的态度，因为在意识形态方面的模仿是必须的，之后也会得到奖励。由此，这样的家庭关系由权力主导，而不是爱，孩子的情感需求没有得到满足，所以通常很难完全认同父母，只能在威逼利诱下模仿父母的态度。他无法全盘接受自己，也无法正视自己的缺点，只能时刻保持警惕，以免有半分不妥。这种家庭环境中成长起来的孩子永远不了解自己的处境，总会觉得如芒在背。

## 道德主义

抱有偏见的人通常道德观念很僵化，通过其焦虑反映出来。与宽容的人相比，偏见者在整洁程度、行为举止和传统习俗方面有更严格的要求。

若问完美男孩或女孩的标准是什么，那抱有偏见的孩子通常会提到干净、整洁、有礼貌，但宽容的孩子只会提到是好伙伴且很有趣。

这种顾忌与孩子早期未能妥善处理自身冲动有关。比如每次他只要被发现弄脏了衣服，或失手打翻了一个碗，或顶撞父母，就会受到惩罚，进而产生一种愧疚感。如此，孩子会认为自己所有的冲动都很邪恶，长大后，他也会因为不同的过失而憎恨自己。他一直背负着婴儿期形成的愧疚，这是沉重的负担。因此，看到别人违背传统道德就会焦虑，希望惩罚违规的人，如他自己此前被惩罚那样。由于必须与内心不圣洁的冲动作斗争，他就不可能对别人宽厚和包容。

相较而言，宽容的人似乎在人生早期就学到了如何接纳被社会视为禁忌的冲动。这样的人并不害怕自己的本能，认为生理现象是自然的，也知道每个人都不完美。在成长过程中，他的父母会巧妙地引导，让他学到社会行为准则，也告诉他即便做错，父母的爱也不会收回。宽容的人已经学会了接纳自己性格上的黑暗面，所以看到别人的阴暗面时也不会觉得焦虑和恐惧。他对待别人时富有人情味，很有同情心。

道德主义只是表面的遵从，并没有解决内心的冲突，是紧张的、带有强迫性和投射性的。真正的道德主义更放松、更协调，与生活模式融为一体。

## 二元论思维

我们说过，比起没有偏见的孩子，抱有偏见的孩子更倾向于认同"世界上只有两种人：强者和弱者"以及"所有事只有一种正确的处理方法"。有偏见的成年人也有同样的二元论思维。抱有族群偏见的男性会更认同这种说法：世界上只有两种女人——纯洁的和下流的。

"两极化逻辑"对于偏见者的功能性意义不难想见。我们提过，有偏见的人很难接受自己的本性中既有善良，也有邪恶，长期以来对是非对错相当敏感。这种将内在分歧投射到外部世界的做法，让他会分类看待事物，不是绝对赞成就是绝对不赞成。

## 对确定性的需求

与偏见有关的特定思维模式大致上体现的是偏见者面对所有事时的思考方式。我们在讲解二元论思维的时候已经提到过。

偏见者"对确定性的需求"的另一个表现就是坚持沿用之前的解决方式。如果先给偏见者看一幅猫的实线图，之后每次给他看图片时，都对图片的线条进行细微调整，直到图片呈现出狗的形象，那么偏见程度较高的人仍会坚持认为图像上是猫，而不会很快注意到变化，也不会承认"我不知道是什么"。

这个实验说明，抱有偏见的人更倾向于**固着**，即此前已经尝试过的老方法更能带来安全的锚定点。这个实验还告诉我们一个有趣的相关现象：抱有偏见的人似乎不敢说"我不知道"，因为这样就会让他们偏离认知的锚定点。这一发现已经从不同的研究中得到验证。在其中一个实验中，受试者要将姓名与面孔相匹配，结果现实是，偏见程度较高的人猜错的情况更多，偏见程度较低的人通常会承认失败，放弃猜测。

以上实验的结果都指向同一个结论：抱有偏见的人需要结构明确的世界，即便这一结构狭隘且不充分。在缺乏秩序的地方，他们会强加秩序；需要新的解决方案时，他们会固守已经尝试过的旧有做法。只要有机会，他们就会回到熟悉、安全、简单、明确的范围。

对于模糊性容忍度较低的现象，至少有两种解释理论，可能二者都是正确的。一种理论认为偏见者的自我形象非常混乱。从人生早期开始，他们就无法整合自己的本性，所以自身无法提供稳固的锚定点。因此，由于内心不稳定，作为补偿，这个人必须从外部确定性中自我引导。

另一个理论认为，这种偏见者在童年时被剥夺了很多东西，很多事情都被禁止。因此，他们越发担心延迟满足，因为延迟满足或许意味着无法得到，所以他们才需要快速明确的答案。抽象的思考意味着模糊、不确定的风险，因此他们宁愿毫不犹豫，宁愿采用具体的思考模式，哪怕是僵化的也没关系。

## 外化

上一章谈到，抱有偏见的人通常会投射，认为别人身上才有某种特质，完全没有意识到有这种特质的实际是自己。事实上，他们在各方面都缺乏自省。

偏见者似乎认为一切都是"外在的"，他无法掌控自己的命运。例如，他会认为"虽然很多人对星座不屑一顾，但星座确实能解释很多事情"。相较而言，包容的人会认为自己的命运通常掌握在自己手中，非星座所能决定。

外责性是外化倾向的一个典型特征。这种特征与群体偏见有明显关联：并不是我憎恨、伤害别人，是别人恨我，伤害我。

## 制度主义

性格使然的偏见者崇尚秩序，尤其是**社会秩序**。在制度化成员身份很明确的结构中，这种人能找到自己所需的安全感和确定性。互助会、学校、教堂和国家都可以抵御个人生活中的不安。只要能依靠这些制度，偏见者就不必依靠自己。

　　研究表明，与没有偏见的人相比，偏见者更会忠诚于制度。反犹女生更热衷于参加姐妹会的活动，更遵守宗教制度，"爱国之心"也更强烈。如果问"最令人钦佩的经历是什么"，她们通常会回答与爱国或宗教有关的外在行为。

　　很多研究都发现，偏见与"爱国主义"之间存在密切关联。

　　事实上，很多有偏见的人是根据自己的需求来定义"国家"。他们认为，国家首先是对自己这一个体的保护，是他的内群体，所以将自己认为有威胁的入侵者和敌人（也就是美国的少数群体）排除在国家的善意圈之外，完全无可厚非。此外，国家也代表了现状，是保守的架构，其中是各种他认可的安全生活方式。偏见者的国家主义是一种保守主义。他认为国家抗拒变化，不相信自由派、改革派和《权利法案》的支持者：在偏见者看来，这些会威胁到他对国家这一概念已有认知的安全。

## 权威主义

有些偏见者认为生活在民主国家一切就是一团糟，有时还会大声疾呼美国不应该采取民主政体，而应该是"共和政体"。他们发现个人自由的后果无法预料，个体带来的是不确定性、无秩序性和变革。偏见者认为，在人以群分、群体不会经常变换、消解的明确体制中，生活会更轻松。

为了避免无法掌控的感觉，偏见者会寻找社会中的阶级架构。权力阶层是明确的——是他可以理解和依赖的。他喜欢权威，认为美国需要的是"更严格的纪律"。当然，他所说的纪律是外部纪律，也就是外在约束，而非内在感化。让学生列出自己最崇拜的伟人时，有偏见的学生通常会写出有权掌控他人的领袖（拿破仑、俾斯麦等），而没有偏见的学生通常会列出艺术家、人道主义者或科学家（林肯、爱因斯坦等）。

对权威的需求反映出的是对人类的极度不信任。本章之初，我们提到过，偏见者倾向于认为"世界是危险的，人心险恶"。而民主的基本理念正好相反，告诉我们要相信每一个人，直到证明这个人不可信赖。偏见者的所作所为恰好相反，他不信任每一个人，直到对方证明自己值得信赖。

　　偏见者对人性的怀疑也可以从对这一问题的回答中看出来。如果问："哪种犯罪更让你害怕？强盗还是诈骗？"对两个答案的选择整体相当。但害怕诈骗的人通常偏见程度较高，比起身体攻击，他们更害怕诡计。通常而言，强盗是更常见更平常的恐惧来源，没有偏见的人会说更害怕强盗。

　　于偏见者而言，消除疑虑的最好方式就是建立有秩序、有权威的社会。强烈的国家主义是好事。美国需要的是强大的领导者——是马背上征战四方的人！

　　有证据表明，偏见者可能在童年时期就养成了权威主义模式。比起其他孩子，有偏见的孩子更支持"老师应该告诉学生怎么做，不用在意学生的想法"这一观点。即便到七岁，有偏见的孩子还是需要老师给予明确、权威的指导，否则就不知道要如何做。

# 第二十五章　煽动

煽动者善于挑起虚假的议题，将大众视野从真正的问题上转移开。虽然并非所有人都会选择以少数群体话题作为幌子，但大多数人会这样做。

据估计，美国的种族主义煽动者大概有一千万名追随者，不过这一估计比较冒险，很有可能是高估，毕竟并非每个参加煽动者集会的都是追随者。然而，在 1949 年，美国有 49 种反犹期刊，有 60 多个组织有反犹记录，这可能是真实的。此外，美国还有专门反天主教、反黑人的期刊和组织。尽管有所重叠，但数量依然惊人。

## 追随者

追随煽动者的人对自己参与的一切并没有清晰的认识，因为目标以及实现目标的方法都很模糊。煽动者本身或许也没有明确的概念，即便有，也会认为让大家将注意力集中在自己身上比较好。因为他知道具体的形象（领袖）比抽象的概念更容易让人牢记于心。

由于无法摆脱困境，追随者不得不听信煽动者的引导，盲目地效忠。煽动者的存在提供了抗议和仇恨的发泄渠道，愤怒的快感能转移人的注意力，让人获得暂时的满足。

事实证明，追随者几乎都会认为自己或多或少受到了排斥。不幸福的生活和让人不满的婚姻在他们身上出现的概率很大。从追随者的年龄可以看出，他们对自己的职业和社会关系长期不满，甚至感到绝望。由于人际关系或财务积累无法提供保障，所以他们很害怕未来，愿意将自己的不安归咎于煽动者指出的邪恶力量。由于缺乏现实满足感和主观安全感，追随者对社会有虚无主义的看法，沉溺在自己幻想的愤怒中。

在前几章我们提过的每一种性格使然的偏见来源，对于追随者追随煽动者的原因，都可以有所解释。煽动者引入了仇恨和焦虑的外化，在制度层面助长了投射，进而将狭隘的思维、刻板印象和"骗子随处可见"的信念合理化，并煽风点火。煽动者对生活进行了明确的区分：要么遵从简单的方式，要么等着大难临头。二者之间没有中间立场，也没有国家间的解决方案。对确定性的需求因"追随领袖"的规则而得到满足。煽动者宣称每个社会问题都源自外群体的不当行为，一再避免追随者将注意力放在让人痛苦的内心冲突上。由此，追随者会继续压抑，自我防卫机制也得以强化。

## 作为个体的煽动者

煽动者之所以能够成事，就是因为权威主义人格类型需要他们。然而，他们并非出于利他主义，而是别有居心，需要将斧子磨得更锋利。

很多情况下，煽动行为确实有利可图。钱财、礼物、购买会服和徽章，这些都能让组织者大赚特赚。整个煽动过程中，他们慢慢敛取财富，等到活动因管理不善、法律纠纷或追随者转移目标而失败，煽动者也已经积累了可观的收入。

政治动机也是煽动行为的常见原因。有些煽动者会给出华丽却模糊的承诺（叠加仇恨），顺利当选参议员、国会议员，甚至成了地方政府官员的候选人。他们技巧夸张，登上报纸头条或受邀发表电台评论，最后自己为人所知，也为再次选举奠定了基础。他们的惯用手段之一就是唤起希望（例如财富共享）和恐惧。"投票给我，否则国家就得落进坏人手里。"希特勒之所以能迅速掌权，就是对这两种手段运用自如。

但煽动者的动机往往更为复杂。他们也具有性格使然的偏见。一个完全冷血、精于算计且只为谋取私利而利用反犹主义的政客几乎不存在。

以希特勒的反犹策略为例，其根源一部分在于自卑和性冲突，但希特勒不可能只是因为个人感受就将反犹主义作为国家政策，他的主要动机是给德国人一个替罪羊，为1918 年的战败和随之而来的通胀找出口。国家主义和团结统一因由此点燃的怒火而得以加强。

已掌权的煽动者可能会将"反少数群体"作为分散民众注意力的方式。他们心里有自己的谋算，总是告诉人们自己如何拯救大家于水火。就像罗马皇帝利用面包和马戏团一样，煽动者也会利用少数群体来愚弄民众。

只有大部分民众都被笼罩在不安情绪中，煽动者才会成功。如果他们的追随者内心足够有安全感，自我发展也比较成熟，那么煽动者就不可能实现目的。但通常而言，煽动者都有足够的潜在追随者为他们的辛苦买单。如果少了煽动者，民众的情绪也不会如此激昂。

总而言之，煽动者的动机非常复杂。不过很多煽动者本身就是权威人格类型的，能言善辩。尽管有些煽动者要的是金钱和权力，但大多数都是性格使然，尤其是既没有钱也没有政治权力的小人物，只能靠自印传单和街头演说宣传。也许这些人是在满足自己的表现欲，但除非抱有强烈的偏见，否则也不会采用这种表达方式。有些煽动者——特别是大人物——似乎已经接近偏执狂的程度。

# 偏执狂

克雷珀林对精神疾病进行分类时，将偏执定义为"无法通过经验修正的错误判断"。根据这个宽泛的定义，包括偏见在内的很多想法都是偏执的。

然而，真正的妄想症患者非常顽固。他们的想法都很虚幻，与现实脱节，而且难以动摇。

有位偏执的女士坚决认为自己已经死了。医生试着用逻辑证明她的想法是错的，便问道："死人会流血吗？""不会。"那位女士回答。医生又问："那如果我刺破你的手指，你会流血吗？""不会，"她说，"我不会流血，我已经死了。""那我们来看看。"医生说着，刺破了她的手指。那位女士看着自己的手指流血了，分外惊讶："看来死人也会流血是吧？"

偏执观念的特殊之处在于它通常是小范围的，也就是说，患者除了想法怪异，其他方面是正常的，仿佛生命中所有的痛苦——所有内在冲突——都凝缩在一个单独的有限幻想系统中。

偏执思维的形成通常会经历以下几个步骤：

（1）经历过匮乏、挫折或有某种不完满（如果不是性方面，就是其他个人非常重视的方面）；

（2）当事人借由压抑和投射，认为一切都是外在造成的，与他本人无关；

（3）当事人将外化的原因视作严重的威胁，所以会对其产生极度憎恨，进而加以攻击。在极端情况下，当事人可能会攻击或消灭"有罪"的一方，某些偏执狂甚至是杀人凶手。

一旦真正的偏执症患者成为煽动者，那就会带来灾难。当然，如果煽动者在领导活动的其他阶段都正常且精明，那就会更加成功。果真如此，他的幻想系统就看似非常合理，能吸引追随者，尤其是本身就有潜在偏执意念的人。如果足够多的偏执人士或者有偏执倾向的人聚集在一起，危险的暴徒组织就会形成。

偏执倾向解释了反犹主义者的强迫性冲动从未缓和。偏执人士总是处在激动状态，即使被公开反对、嘲笑、揭露或监禁都无法让他动摇。尽管他不会煽动群众使用暴力，但态度执着，咄咄逼人，无法撼动。无论是逻辑还是经验，都无法让他改变观点。就算出现反证，他也会扭曲证据，使证据符合原本的信念，像前面例子中"已经死了"的女士一样。

最重要的是，我们要说明正常人也有可能存在不同程度的妄想倾向。投射机制是偏执的核心，正常人也会投射。病态和正常之间的界限并不明确。

偏执是偏见极端病态的表现，很难完全治愈。若有人能找到治疗偏执的方法，必定能造福四方。

# 第二十六章　包容的人格

包容这个词似乎没有什么力量。比如我们说自己得忍受头疼、忍受破旧公寓或者忍受某个邻居时，并不是说我们不喜欢，而仅仅要表达虽然不喜欢，但还是能坚持。如此，对新加入社区的人包容只是得体的消极行为。

但这个词同时也有坚定的意味。包容的人对各种人都很友善，也总是平等对待不同种族、肤色或信仰的人。他不是消极的忍耐，而是认同其他人。本章我们要讨论的就是这种更温暖人心的包容。

## 早期生活

将包容者与不包容者进行配对是研究分析两群人背景因素差异的方法。

包容的孩子似乎更可能来自包容的家庭，无论他们做什么，都能感受到接纳、认同和关爱。父母不会给予孩子严厉或反复无常的惩罚，孩子也不用时刻提防自己本能的冲动会招来父母的愤怒。

"威胁导向"通常会出现在有偏见的孩子身上，但包容的孩子却很少会受到这种影响。

两种孩子对父母的态度也有不同。包容的孩子能从差异化的角度看待父母，包容违反习惯和规范的人，将良好的伙伴关系和快乐视为更重要的品质。

包容的人心智更灵活（甚至在童年阶段就是如此），拒绝两极化逻辑。他们很少认同"世界上只有两种人：强者和弱者"或者"任何事只有一种正确做法"这类观点。

与偏见者相比，在学校（以及之后的生活中），包容的人不需要明确的、有步骤的、清晰的指令就可以着手工作。他们可以"忍受模糊"，对确定性和结构化没有执念。他们能坦承"我不知道"，等待时机，直到所需的证据出现。他们不怕延迟，不会着急归类，也不会执着于既有类别。

总而言之，包容也并不是单一原因塑造的，而是不同力量共同作用的结果。不同的力量越多（脾气秉性、家庭氛围、教养方式、多样化经验、学校及社区影响），一个人的包容度就越高。

## 包容的类型

包容者对族群的态度有所差异，有的明显，有的不明显。有些人就很关注公平的议题，这是他们行为的重要推动力。反纳粹的德国人就是最好的例子，他们一直都很清

楚希特勒的种族主义，也会用自己的方式与之抗争。由于
这项议题会危及自身生命，所以不得不将态度表现出来。

另一些有包容性的人则不会特别强调这个问题。

我们有理由相信，最包容的人完全不会表现出对族群
的态度，他们不在意群体差异。于他们而言，人就只是人，
与阶层地位无关。

## 从众型包容与秉性型包容

除了明显或不明显的分类，包容还可以进一步被区分
为**从众型**和**秉性型**。我们会发现，在没有族群问题的地方，
或习惯按照包容原则处理问题的社区，人们通常认为平等
是理所当然的，应该顺应群体对于包容的规范，所以，他
们是从众型。秉性型的包容是性格中的积极组成部分，如
同秉性型的偏见，在整个人格结构中有功能性意义。

秉性型的包容通常意味着，当事人会积极尊重个
体——无论对方是谁。这种包容态度也跟不同的生活风格
相关。有些人总是充满热情，本性善良；有些人的价值观
更注重美学，喜欢探讨文化差异，愿意了解外群体成员，
并从中获得启发；有一些人的包容嵌入在其政治自由主义
和进步哲学的框架中；有一些人认为正义最重要；还有一
些人认为平等对待国内少数群体才能促进国际和平。他们

认为只有国内有色人种获得了更平等的地位，自己的国家才能跟全世界所有有色人种国家达成和平友好的关系。简而言之，秉性型的包容以积极的世界观为基础。

## 好战型包容与和平型包容

有些包容者如战士一样，对任何侵犯他人权利的行为都无法容忍，也无法容忍不包容的行为。他们有时候会组团行动，考察餐厅、酒店或公共交通服务是否存在歧视行为。他们如间谍一般暗中调查，最终揭露煽动者和歧视的组织。他们支持法律行动，也会主张采取法律行动打击种族隔离，甚至会加入更激进的改革组织，出现重大民权议题时，会参加听证会或亲自走上抗议的前线。

可以说这样的狂热分子本身也是有偏见的吗？有些人有，有些人没有。在这些人中，也有少数是"反向偏执者"。他们身上也会出现过度类别化的情况，跟偏见者一样有潜在的心理动力机制。

然而，一些激进的包容者似乎能够更仔细地分析问题。他们认为特定时间的特定行为，如通过某项法案，将增进少数群体的福祉，所以愿意投身其中。这种行为是基于对自身价值观的现实评估，不是对持反对意见的人形成刻板印象。他们也有可能对社会规范视而不见，为了向被歧视的人释放善意，甘愿冒着被排挤的风险，这也同样是为了个人价值观的实现。坚定的信念与偏见不同。有人说，信念和偏见的差异在于："人在讨论信念时可以不带任何情绪。"这个定义不尽完美，但确实说出了事实。信念并非绝对不包含情绪，但那种情绪更克制，具有差异化，目的是为了移除现实阻碍。

## 教育

包容者比偏见者更自由（或者说更激进），那么他们在智商方面是否也更高一筹？乍看之下的确如此，偏见者的二元思维、过度归类、投射、替代不都是愚蠢的表现吗？

然而，这个问题实际上很复杂，就算是偏执的人，在缺陷领域之外也可能才智超群。偏见的人通常都是成功人士，并不会在所有方面都一样愚蠢，所以也不至于"智商偏低"。

如果参考对儿童的研究，我们会发现，包容度与高智商之间似乎只存在微弱的联系，相关程度并不高，且会受到社会阶层的影响。智商较低的孩子通常会来自更贫穷的家庭，教育水平较低，机会较少，所以物质和偏见的程度可能偏高。因此，我们无法肯定是包容度与智商之间存在基本联系，还是阶级差异或家庭教育有更大影响。

数据显示，教育有显著影响，可能是因为高等教育减轻了个体的不安全感和焦虑，也有可能是教育让个体能够从整个社会的角度出发思考问题，让人意识到单个群体的福祉与所有群体的福祉紧密相连。

## 同理心

包容包含一项重要能力，它有时被称为"同理心"，可以理解为"理解他人的能力"或"情商"。

有充分证据显示，比起歧视的人，包容者对性格的判断更准确。

那么同理心为什么能让人更包容？是因为能够正确理解别人的人不会感到担忧或不安。他能够准确理解自己察觉的线索，在必要时有信心可以避开不愉快的互动。现实的感知让他能够避免摩擦，经营良好的人际关系。从另一方面来看，缺乏同理心的人在人际交往方面也缺乏信心，所以必须时刻警惕，将陌生人归类，并予以统一对待。由于缺乏分辨微弱差异的能力，这样的人只能诉诸刻板印象。

我们还无法确定同理心从何而来，或许是多重因素共同培养的：安全的家庭环境、美学的敏感度和较高的社会价值观。无论同理心如何形成，我们只需要知道包容的人具有这一显著特征即可。

## 自我洞察

"自我洞察"可以说也是包容者的特质之一。研究显示，了解自我的人通常也更包容别人，因为有自我意识、会自我批评的人并不会将责任推卸到别人身上，反而对自己的能力和缺点有自知之明。

多方证据都验证了这一点。加利福尼亚州针对包容群体和偏见群体所做的研究显示，包容者的自我理想通常包含自己所缺少的特质，而偏见者描绘的理想形象则是其当下的样子。包容者"更有安全感，似乎能够更坦然地接受自我理想与实际现实之间的差距"。他们了解自己，且不会满足于现状，其自我意识能够克制将自身缺点投射到他人身上的冲动。

一些研究人员注意到，包容者的性格中普遍有**内向性**，对想象的过程、幻想、理论思考和艺术活动更有兴趣。相较而言，偏见者大多会有**外向性**，致力于外化自己内心的冲突，更在意外界环境而不是自己。包容的人渴望个人自主，而非外在的、制度化的约束。

同理心、自我洞察、内向性等特质很难通过实验室试验加以检验，甚至无法通过临床研究证明。然而，让人惊喜的是，我们现在已有可信证据。然而，有一个相关特质目前还未在心理学研究中得到成功验证，即幽默感。我们可以假设一个人的幽默感与其自我洞察密切相关。可惜，幽默感很难定义，在当前心理学研究中也很难衡量。不过，我们可以大胆认为，幽默感是偏见的一个重要的相关变量。参加过煽动集会的人通常会说，为偏见言论鼓掌的人面色严肃，"缺乏幽默感"。包容的人确实更有幽默感，一个自嘲的人不太可能会觉得自己高人一等。

## 内责性

包容者的内向性、自知力和自嘲的能力都是内责性的组成部分。自责替代了投射性的外责。

内责性会衍生出更积极的效果：对弱者的同情。当然，这样的同情或许是多种情绪交织的结果，或许是真诚的，或许是出于施舍。帮助弱者很容易让人自我感觉良好，有时甚至会变成强迫性的或下意识的偏袒。但无论这种同情是出于自私还是自利，可能都与内责性有关。

我们应该关注一种相当常见的社会化人格模式，这类包容者真诚地同情弱者，深切地感受到自己的渺小与不足，倾向于自责。他能够迅速敏锐地共情其他人的痛苦，从帮助提升其他人的福祉上获得快乐。虽然并非所有内责性的人都会有这种性格模式，但这种模式很常见。

# 个人价值观

包容的思维不只体现了认知的风格，也反映了一个人整体的生活模式。

论及整体生活模式，我们关心的是本章提到的各个独立变量会如何组织整合。包容不仅是一种态度，更是一种**模式**。模式是一种综合，但心理学家倾向于分析，所以心理学很难处理模式或"整体风格"的问题。

不过，也有研究在模式问题上取得了一些进展，该研究显示出包容性是如何嵌入个人生活的价值取向之中的。研究人员根据六个维度评估了大学生的价值观，同时衡量其对犹太人的偏见。最后，研究人员将偏见程度最高的25%的学生和最低的25%的学生挑选出来，对其价值观进行排序：

|  | 反犹情绪较高 | 反犹情绪较低 |
|---|---|---|
| 价值观较高 | 政治 | 审美 |
|  | 经济 | 社会 |
|  | 宗教 | 宗教 |
|  | 社会 | 神学 |
|  | 神学 | 经济 |
| 价值观较低 | 审美 | 政治 |

这两类学生对价值观的排序几乎完全相反。研究结果具有重要意义。政治表示对权力的关注，即一个人习惯以阶级制度、控制、支配和地位来看待日常生活，认为有些东西要更好、更优越、更有价值。抱有这种观点的人自然而然会认为外群体地位更低、更不值得，甚至让人唾弃，他们或许还会认为外群体对自己的地位构成威胁，怀疑外群体暗中计划掌控整个社会。相反，包容的人则很少从权力或阶级的角度看待生活，他们并不看重政治。

审美表示的是对独特性的偏好，意味着生活中的每个场景都值得欣赏——一场日落、一座花园、一首交响乐或一种个性。审美的态度意味着不去分类，因为每种体验都是独特的，且具有内在价值。有艺术感的人更注重个体差异，会将遇见的人当作"个体"而非"群体成员"。抱有偏见的人对这个维度的评分很低，包容的人对这个维度的评分很高。

同样值得琢磨的是排在第二位的价值。经济在偏见群体中排名第二，意味着对效益的追求。经济取向的人总是会问："这有什么用？"在意这种价值取向的人通常在意资源的生产和分配，也经常关注银行和金融。在充满竞争的社会，经济和政治价值必然相关。反犹主义者很容易就能给犹太人塑造出经济威胁、竞争对手或金钱至上的形象，但包容者则很少有经济主义的理念，对经济威胁也不甚敏感。

　　社会在包容者看重的维度中排第二位，表示关爱、同情和利他主义。如果对这个维度评价较高，说明种族偏见并不会占据较大的生活空间。如果一个人同时看重审美和社会维度，就会更注重每个个体的美德，而不会形成类别化的看法。

　　显然，宗教和理论最不具有区分力度，这很容易解释。宗教可能会增强或弱化偏见，这完全取决于个体对宗教的理解。所以，在这份研究中，宗教的影响力被抵消，在两个群体的排序中都居中。

## 生活哲学

　　有些关于爱与仇恨的现代理论认为，人类最初的态度就是朝向信任与亲和的生命哲学。这一倾向自然而然是源起于母子之间早期依赖的关系。亲和是一切幸福的源头，仇恨和敌意一旦出现，就会扭曲这种亲和力的倾向。生活中的挫折和匮乏感，一旦处理不当，就会滋生仇恨，之后就会腐蚀自我的核心。

　　如果上述观点正确，那么成熟和民主的人格主要是以内在安全感为基础。只有生活中不存在让人痛苦的威胁，或者内在力量能够妥善处理这些威胁，一个人才能与不同的人自如相处。

第八部分

# 如何减少群体冲突

# 第二十七章　应该立法吗？

在美国，致力于改善群体关系的机构有成千上万个——可以分为**公共机构**和**私人机构**。

公共机构包括市长委员会、州长委员会还有公民团结委员会等。

私人机构小到"种族关系组织"或妇女俱乐部这种"好邻居"委员会，大到全国性组织都有。

本章我们只会关注公共机构的一种功能（立法），也只会探讨其中一个方面（民权立法），不过我们必须清楚，政府的补救措施并非只通过立法行为来体现。

## 立法简史

美国《宪法》《权利法案》《第十四条修正案》和《第十五条修正案》为美国境内所有群体建立了民主平等的框架。不过，框架之内却存在很多宽泛的解释。

内战结束后，美国国会通过了多项法律确保已解放的黑奴实际拥有平等的权利，包括"废除并永远禁止奴隶制"，明确规定因种族或肤色而干涉他人投票权是违法行为，甚至禁止在旅馆、公共交通工具上或其他公众场所歧视他人。然而，战败的南方各州非常愤怒，反而忙着制定与之相悖的法律，即通常所说的《黑人法典》，尽可能全盘否认刚被解放的黑人群体新获得的权利。只有在动荡的重建时期，在联邦军队驻扎于南方各州的短暂时间里，国会赋予黑人的民权法律才得以实施。

一系列事件之后，南方又迅速夺回了"统治黑人"的权力。1877 年，民主党国会投票，废除了大部分重建时期设立的民权法。1896 年，最高法院对著名的"普莱西诉弗格森案"的判决也支持了"隔离但平等"的原则，同时判定种族隔离法案实际上没有背离平等原则。这一判决支持路易斯安那州根据肤色区别铁路乘客的法规，但实际则意味着任何形式的种族隔离都合乎宪法。

**1875 年之前，没有任何一部民权法案通过。**民权法案的支持者只能将注意力放在可以终结有效辩论的原则上，但即使是修改议会议事规则的提案也会受到拖延战术阻挠，反对人头税和私刑、支持平等就业的联邦法律同样因冗长的辩论程序而无法推行。时光流逝，众议院一次次通过相关举措，也获得了多数参议员的支持，但这些提案依旧未能正式成为法律。

自最高法院 19 世纪宣布"立法无力根除种族秉性"之后，判决的风向已经大有改变。最高法院坚持基础设施使用方面的平等，将之作为对抗隔离的有力武器。

## 立法类型

宽泛而言，保护少数群体的法律大致分为三类：（1）**民权法案**；（2）**就业法案**；（3）**群体诽谤法**。当然，有些法律并不是以保护少数群体为直接目的，不过帮助可能更大。例如，最低工资法有助于提高被压迫群体的生活水平，进而改善其健康、教育水平，提升其自尊心，使之更容易作为同事或邻居融入主流群体。同样，打击犯罪的法律也可以铲除犯罪团伙，因为这些团伙通常由不同的种族群体成员组成，有时会在帮派斗争中掺杂族群偏见。反对私刑的法律也有类似作用。

## 法律可否影响偏见态度

我们此前提过，在 19 世纪末，最高法院以法律无力抵消"种族秉性"为由，将保守的判决合理化，这种放任自流的态度体现了当时的社会思维。当时社会学家威廉·格雷厄姆·萨姆纳就坚称"国家手段无法改变传统习俗"。即便在现在，我们也能听到相同的观点："人们无法通过立法禁止偏见。"

乍看之下，这一论点似乎合理，但实际上有两个弱点。第一，我们不能完全确定歧视性的法律会**增加**偏见——否则为什么反歧视的法律不会**减少**偏见？

第二，立法实际上并不是针对偏见本身，至少没有直接的作用。其目的在于平衡优势，减少歧视。如前所述，少数群体的条件得到改善后，人们才能从平等的接触和正常的相互了解中获益。提升少数群体的技能水平和生活水平，提高其健康和受教育程度，都有类似的间接效果。此外，法律设定的是公众良知和预期行为标准，有助于公开遏制偏见。立法的目的不是控制偏见，而是控制偏见的**公开**表达。长远来看，如果人们在表达上有所改变，思想也会随之改变。

不过，一些反对立法的论述也很有说服力。例如，对此立法可能会导致人们对法律的轻视或蔑视。整体而言，美国人对法律不屑一顾，如米达尔所言："美国这个国家，实践中对很多事敞开大门，但在法律上则予以禁止。"如此，如果人们并不遵守或忽略、漠视法律，那么新增法律还有必要吗？即便《公平就业法》已经经过多年的实行和宣传，纽约州的大多数人仍不知道其存在。知道这部法律同时知道歧视真相的人，通常也不会投诉或诉诸法律行动。这种普遍的冷漠或许源自这一想法：某种更高层次的"自然法则"赋予人们憎恨他人、远离其厌恶的人且无视法律介入的权利。只有爱管闲事的人才会通过立法强行给别人灌输道德观念。

此外，法律，尤其是美国常见的清教徒式的法律，通常治标不治本。强行让酒店经理接待菲律宾客人并不能从根源上消除其偏见。强行让白人孩子上学时坐在黑人孩子身边并不能消除白人孩子家庭出于反黑人情绪而产生的经济担忧。人的态度由更深层次的力量塑造，而不是表面的压力。

最后，"纸面上的"法律和"执行上的"法律有巨大差距。如果没有足够的执行力，任何法律都是一纸空文。

基于以上考虑，有些人认为，立法在减少群体冲突方面最不得力。

尽管法律无法完全制止违法行为，但肯定有一定的约束效果，起到威慑的作用。法律并不能阻止偏执者或煽动家，如同针对纵火的法律也无法阻止纵火犯。我们可以说，法律约束的是道德水平一般的人，引导他们自己塑造良好的习惯。

最后一个支持补救性立法的理由是，法律能够打破恶性循环。如果群体关系已经恶劣，情形往往会更加恶化。因此，如果黑人被剥夺了平等就业、平等受教育、平等享受健康保障的权利，他们就会被视为低等人，从而受人轻慢。由此，他们的机会越来越少，境况愈发恶化，所处环境也更加糟糕。无论是个人努力还是教育都无法打破这种日益恶化的局面，只有通过强大、受公众支持的立法才可以。如果要在住房、健康、教育或就业方面启动良性循环，可能还需要动用警力。

如前所述，一旦歧视消除，偏见也会逐渐减少，恶性循环就会逆转。消除就业、住房和军队中的歧视能够促使人们形成更友善的族群态度。经验告诉我们，让彼此分离的群体相融合并没有想象中那么困难，但通常需要法律或强有力的行政命令来推动。米达尔所说的"积累原则"认为，提高黑人的生活水平有助于降低白人的偏见，反过来又会促进黑人生活水平的提升。良性循环会在法律实施后开始。

虽然很多美国人不会遵守自己极力反对的法律，但大多数人内心深处的良知仍然支持民权法案和反歧视立法。他们或许会抗议，但仍会认同这类法律。人们通常会遵守符合自己良知的法律，即便不遵守，法律仍设立了道德规范，为个人行为设定了榜样。法律通常可以打破恶性循环，使治愈的过程启动。个体和社区等与法律无关的力量由此也得以释放。教育先于立法的观点并非完全正确——至少不用等所有人都受到全面且得当的教育，毕竟立法本身也是教育过程的一部分。

并非所有旨在改善群体关系的法律都是明智的。有些法律在制定时确实不够严谨，甚至太过模糊，不具有实操性，甚至完全不具有教育意义，无法引导良知。长远来看，法律的审查制度和压制性法律或许会自相矛盾。此外，尽管某些法律必须制定严格的惩罚措施，但涉及少数群体的法律，整体而言应该尽可能坚持调查、公开、说服和调解的程序。

## 立法与社会科学

法律如果执行得当，就会成为对抗歧视强有力的工具。法院对此前歧视性法律的废除也有同样的效果。不过，诉诸法律的行动只能间接减少个人的偏见，但无法控制大家的思想，无法强行灌输主观的宽容理念。法律的目的只在于控制不宽容态度的外在表达，但心理学则说明，外在表现最终会改变内在的习惯和思维。因此，立法绝对是减少公然歧视和个人偏见的主要方法之一。

从近年来的发展趋势看，我们认为族群关系领域的社会科学研究将在未来公共立法政策的制定上发挥重要作用，进而间接地缓和群体之间的紧张感。

# 第二十八章 我们能做的

社会科学证明，如果要减少社会偏见，对种族隔离的打击（法律或其他途径）是科学的方式，应予首选。

不过，法律途径只是提升种族关系、改变偏见态度的可能渠道之一。以下列举的是其他途径——每条途径都可以延伸出其他方案：

· 正规教育方法

· 接触项目

· 群体再训练

· 大众媒体

· 劝导

· 个体治疗

以上并没有列出纳入历史和经济变革的因素。尽管这些非常重要，但对于所有项目的目标而言可能过于宽泛，或者只能通过立法来实现。例如，在经济领域，提高工资可以改善少数群体的生活水平，进而帮助他们提高自尊、减少防备，同时让他们可以平等地与群体中其他成员接触。

# 正规教育

劳埃德库克将评估方案分成六大类:(1)"信息传递"。通过讲座和书本教学传授知识。(2)"替代体验"。运用电影、戏剧、小说及其他方法,让学生认同外群体成员。(3)"社区学习—行动"。通过实地考察、区域调研、参与社会机构或社区服务项目学习。(4)"展览、节日和庆典"。以此引导学生了解少数群体的风俗习惯和旧世界的文化遗产。(5)"小组历程"。使用不同的群体动力学原则教育学生,包括小组讨论、社会剧和群体再训练。(6)"个体谈话"。运用治疗性访谈和咨询的方法。

## 信息途径

之前,人们认为将正确的观念植入脑海,就能收获正确的行为。很多教学楼上现在还悬挂着苏格拉底的格言:**知识即美德**。但现在人们普遍发现,学生的学习情况很大程度上取决于其态度。除非外界信息与态度相符,否则很难被学生记住。事实本身不是人性化的,只有态度才是。单纯的事实训练通常会导致三种失败的结果:很快被人遗忘;被人扭曲,使之符合既有态度;被搁置在心智的偏远角落,对日常行为毫无影响。

　　几项对人们信念和态度进行的研究表明，知行不合一的现象很常见。跨文化教育或许能在不扭转学生的态度的前提下纠正错误的信念。例如，学生或许会学到关于黑人历史的事实，却无法学会宽容。

　　然而，有人则持相反的观点，认为学生无法在短期内表现出学习成果，或者会根据自己的偏见扭曲事实，但**长远而言**，准确的信息仍有助于改善人际关系。例如，米达尔指出，理智上看，任何合理化"黑人"在美国境况的理论，都不再会被理智的人接受。人们并非全部都不理性，因此，"科学证据无法支持种族劣等理论"这一事实，一定会逐渐深入其态度之中。

　　跨文化教育的基本前提表明，只了解自身文化的人其实并不了解自身文化。如果一个孩子长大后认为太阳东升西落是以自己的内群体为中心，认为其他外来者都是外围黑暗事物的奇怪生物，那他就是没有真正认清自己的生活处境。这种观点必定要通过学校的跨文化教育实现，因为很多孩子无法从家庭或社区中学到关于外群体的客观知识。因此，可以说，传授正确的知识虽然不会让偏见自动消失，但长远来看有助于这一目标的实现。

　　总结而言，我们认为，只提供信息并不一定会改变人的态度或行为。此外，根据现有研究，与其他教育方案相比，其成效也相对较小。不过，没有证据表明传递真实信息会造成伤害，其效果或许会延迟显现，但主要也会让偏见者对自己抱有的刻板印象感到疑虑和不安。况且，其他教育方法需要坚实的事实指导作为基础，只有这样才能有更大收获。总之，我们不应该完全放弃正规教育的传统理念和方法。事实或许并不足够，但必不可少。

### 直接或间接途径

将注意力直接放在群际问题上，是否真的能带来好处？比如让孩子讨论"黑人问题"等是否妥当？还是借由偶然事件进行引导比较好？有些人认为，相较于直接关注社会问题的课程，英文课或地理课更适合进行跨文化教育。为何要强化孩子心中的冲突感？最好的方式就是让孩子认识到不同群体的相似之处，并让他知道，对必要差异的善意调整是理所当然的。

对于以上问题，我们没有明确的答案，虽然孩子可以通过各种间接的方法学会接受文化的多元性，但仍可能对明显的肤色差异、经常性的犹太节日或宗教多样性感到困惑。除非学生可以理解这些事物，才能说他的学习是完整的，因此，一定程度的直接教育很有必要。对年龄较大的孩子来说，他们已经有了相关的生活经验，准备好直接面对这些问题，所以直接教育会更有帮助。

因此，要确定何种群体在何种情况下更适合直接或间接的教育方案，可能只能留待未来解答了。

### 替代性经验

有证据显示，电影、小说、戏剧或许同样可以达到跨文化教育的目的，因为这些媒介能引发人们对少数群体成员的认同。此外，我们也发现，这种方法对某些孩子而言或许比信息传递或参与活动更有效。如果这一发现可以通过之后的研究验证，我们会看到一种有趣的可能性：对现实的讨论于某些人而言是强大的威胁，在想象层面产生认同的温和方法或许更为有效。未来，我们可以从小说、戏剧和电影入手，开启跨文化教育，进而引入其他更具有现实性的教育手段。

### 参与活动

大多数跨文化教育的方案都需要学生的积极参与，比如到少数群体社区进行实地考察，和少数群体成员一起过节或参与社区活动等。这样，学生能够对少数群体的成员增进了解，而不只是学到关于他们的知识。大多数研究人员认为，参与活动的方法最有效，不单适用于孩子的学校教育，也适用于成人。

## 接触和增进了解

要想实现最大化的效果，接触和增进了解的项目就必须让每个人都感到自己拥有和他人平等的社会地位，并纳入此类方案日常的目标中，避免只做表面文章，且尽可能获得当地社区的支持。群体之间的联系越是深刻、真实，效果就越好。虽然这也有助于促进不同群体的人并肩合作，但如果大家都能将自己视作团队的一分子，那收获就会更大。

蕾切尔·杜波依斯曾经引入了能促进团体间熟悉程度的专门技巧。这一方案让族群背景不同的人参加"社区嘉年华"。最开始，团队领头人会邀请一些团队成员讲一讲自己对秋天、对节日、对童年爱吃的食物的记忆。这些分享会勾起其他参与者的回忆。很快大家就都活跃起来，讨论各地和各个群体的风俗习惯。此前的回忆、大家的热情和不时出现的幽默，营造出了明显的共同感。大家会发现，群体传统及其背后的含义通常很相似。有人可能会唱起民歌，或教大家跳起传统舞蹈，欢快的感觉很快被调动起来。虽然这种方式本身并不会带来持续性的接触，但作为破冰活动，它可以打破社区成员间此前的隔阂，让大家彼此熟识。

# 群体再训练

现代社会科学最让人瞩目的进步就是创造了角色扮演等技巧，促使人们形成"被动同理心"。之前我们提到，学校老师会在教学活动中运用这种技巧，不过在涉及面更广的"再训练"活动中，这一技巧也会得到应用。我们发现，很多人都愿意参加能够提升人际关系技能的团体活动，并学习民主式领导的技巧。虽然这些人参加群体再训练的主要目的并不是消除偏见，但他们很快就会发现，阻碍他们成为高效领导者、教师和管理人员的，正是自身的态度和偏见。

和看小册子或听人布道不一样，接受再训练的人必须全身心投入，扮演其他人的身份，假装自己是雇员、学生或黑人仆从，通过这种"心理剧"切身感受对方的生活，同时对自己的动机、焦虑、投射予以自省。有时，这类训练项目还会结合心理咨询师的个人会谈，帮助个体进一步自我省察。随着格局的打开，当事人会更加了解对方的感受和想法。

对再训练效果的评估表明，如果社会能持续支持，该方案的成效就会更明显。

并非所有训练都像描述的那样有直接的效果，会引发自我意识和自我批评，有些更侧重于客观的方面。针对人们参与社区自我调查的再训练就是一例。志愿者会共同研究所在城市或地区的群体关系。他们会设计研究方案，制定问题，进行访谈，最后计算"歧视指数"（从住房、就业及学校等方面搜集情况），并从中获得极大的启发。后续的改善活动更是如此，大家进一步获得了相关知识，提升了社区管理能力，并增强了同理心。

## 大众媒体

大众传媒是否能有效控制偏见还让人颇有疑问。人们的耳朵和眼睛每天被别有用心的花言巧语轰炸，已经对各种宣传视而不见，充耳不闻。此外，大家对支持宽容的宣传知识是有选择性地接收。通常，不认同的人总能想办法把它排除在信念系统之外，认同的人则不需要看这些宣传。然而，就算这种悲观想法普遍存在，我们也不应该放弃探讨媒体在减少偏见上的效用。毕竟，广告和电影在塑造国家文化上已经发挥了很大作用，或许也能塑造人们的信念不是吗？

虽然相关研究并不多，但既有研究显示出几条初步有效的规则：

（1）尽管单一的项目影响有限——比如一部电影，但多个项目的综合效应总能大于项目单纯叠加之和。有经验的宣传者都很了解**金字塔激励原则**，都知道一个项目并不足够，一系列活动才能见效。

（2）第二条初步原则是关于**效果的特异性**。1951 年的春天，波士顿一家电影上映了《愤怒之声》，最终在尾声明确传达出：只有耐心和理解才能解决冲突，而非暴力。观众被这部电影深深打动，为电影传达的道德观鼓掌。电影结束后有一条纪录片，讲述的是已故参议员塔夫特针对国际关系发表的谈话，同样指出要依靠耐心和理解解决冲突，而非暴力。不过，同一群观众却对塔夫特的谈话内容发出嘘声。这表明，人无法将从一个情境中学到的内容延展到另一种情境中。不同的研究都确认了这一问题。观点或许会改变，但改变往往都局限在狭隘的范围内，很难类推到其他场景。

（3）第三条原则是**故态复萌**。一段时间之后，观念又会退回到原点，而非一以贯之。

（4）然而，态度倒退并非总会发生。经过研究宣导影片的短期和长期影响，霍夫兰等人发现，尽管态度倒退的现象很常见，但有些人则表现出来相反的倾向，即"睡眠者效应"。这些延宕效应主要发生在"顽固分子"身上，他们首先会拒绝影片传递的信息，后来会渐渐接受。睡眠者效应在受过良好教育的人的身上尤其明显，他们最初的观点与其他受教育者的观点并不一致。霍夫兰认为，这样的人内心是支持影片所宣导的内容的，只是必须首先克服内心的阻碍。宣传宽容的信息很可能在态度模棱两可的人身上产生长期效应，尤其是受过良好教育的人。

（5）大众传媒的宣传很难对一直坚定的抵抗者发挥作用。研究显示，相较于立场坚定的人，"中立者"更容易受到影响。

（6）**宣传的范围越明确，效果就越好**。我们由此有理由认为"支持宽容态度的宣导"必不可少——不仅是因为它能产生积极影响，更是因为它能够消除煽动者引发的负面作用。

（7）宣传必须能**缓解焦虑**，才可以达到效果。贝特尔海姆和贾诺维茨发现，宣导内容如果直接打击了一个人安全感的根源，通常就会遭到抗拒，融入既有安全体系的呼吁才更有效用。

（8）最后一条原则涉及那些有影响力的**象征符号**。在战时，凯特·史密斯一天就可以在广播中卖出数百万美元的债券。埃莉诺·罗斯福还有宾·克罗斯比都在民众中享有无上的声望，他们对包容的呼吁可能会让更多观望的人加入。

# 劝导

我们并不了解说教、劝诫或其他道德鼓吹在降低偏见方面的作用。几个世纪以来，宗教领袖不断告诫信徒必须实践手足之爱，但长期来看，效果不佳。可我们并不能说这种方法完全没有作用，若没有经常性的劝诫，情况或许会更糟。

比较合理的假设是，劝诫有助于巩固已有的善意。这一作用不可小觑，如果没有宗教和道德强化信念，已调整态度的人或许就不会继续努力，改善群体关系。但对于性格使然的偏见者和认为社会压力太过强大而必须遵从的人，劝勉教诲似乎都没有作用。

# 个体治疗

偏见往往深深嵌入一个人的整体性格功能中。如果一个备受折磨的人，向精神科医师或心理治疗师寻求帮助，那他通常是渴望改变，已经做好了调整自己生活方式的准备。虽然患者寻求治疗本身的目的不会是改变自己的**族群态度**，但这种态度的重要性会随着治疗的深入而凸显，可以想见，这种态度会随着当事人其他看待生活的角度的固化而消失或重组。

虽然上述假设还没有得到明确验证，不过很多精神分析师已经获得了大量临床经验，极具说服力。

至于在治疗或类治疗的情景下，转化的发生率如何，还未可知，仍需更多研究验证。但即使个体治疗被证明是消除偏见的最佳方式——由于它所触及的深度，以及人性其他各部分的相互联系，这应该是最佳方式——影响的也只是小部分人。

## 宣泄

经验表明，在某些情况下，当事人很容易情绪爆发——特别是在个体治疗和群体再训练环节。在讨论偏见的话题时，如果一个人觉得自己的观点受到攻击或否定，他往往需要通过情绪爆发的方式来舒缓。

宣泄有类似治疗的效果，可以暂时缓和紧张的情绪，让个体能为态度转变做好准备。就好比将轮胎的气放掉之后，才能开始修补内胎。

并非每种表达敌意的方式都有宣泄的效果。事实恰好相反，攻击行为并不是安全阀，而是习惯的养成——个体或群体表现出的攻击行为越多，攻击性就越大。只在特定的情况下，一个"爆发"的人才更愿意理解对立方，也更能够理解对立方。

单靠宣泄并不能改善偏见，最多只是有助于让当事人更平和地看待问题。如果一个人感到委屈或愤懑，那他在说出心声之后，就会比较愿意倾听另一方的观点。如果当事人在宣泄时有夸大或不公平的言论，那么由此产生的羞耻就会缓解其愤怒，促使他采用更平衡的观点。

每项活动都以宣泄开场的做法并不可取，因为这样会导致消极氛围的产生。如果有必要，宣泄会自然而然地发生，不需要刻意引导。一个人觉得自己受到攻击时，就是最需要宣泄的时候。这时，我们要允许他将心中的不满表现出来，否则就会卡顿，导致活动无法推进。只要有耐心、技巧和一点运气，活动组织者就能抓住恰当的时机，引导大家有章法地宣泄。

# 第二十九章 局限与展望

我们不能找借口说必须"等到事实充分"再行动，因为我们都知道，这一天永远都等不到。我们也不能认为"事实会不证自明"，而"让政治家和公民得出实际的结论"。事实非常复杂，大家无法靠自己理解，必须有人出于实际的目的，在相关价值前提下整理事实。在这一点上，我们无人能比。

——贡纳尔·默达尔

## 特殊阻碍

在跨文化关系领域工作的人，常常会在社区听到："我们这里没问题。"无论是家长、老师、政府官员、警察还是社区领导者，似乎在暴力事件爆发之前，都不会意识到潜藏的摩擦和敌意。

这就是我们提到的"否认机制"，也就是说冲突威胁到自我平衡时，人就会倾向于自我防卫。否认的策略是对干扰性思维的快速回应。

有时，这种否认并不是基于根深蒂固的信念，而完全是因为依赖现状。我们知道，怀有严重偏见的人往往会否认自己有偏见，由于缺乏自我觉察，所以无法客观看待所在社区的情况。就算是本身毫无偏见的人，也可能会对不公平事件和紧张的氛围视而不见，毕竟承认这些只会打破原本平稳的生活。

　　学校体系中普遍存在这种阻碍，学校、老师和家长常常反对引入跨文化教育。即便在充满偏见的社区，我们也会听到："这里没有问题，难道我们不都是美国人吗？""为什么要向孩子灌输这种观念？"这样的态度让很多人想到家长、学校和教会对性教育的抗拒，生怕孩子会产生不端的念头（但与性相关的想法实际上肯定早已通过混乱的方式进入孩子的脑海了）。

## 结构论证

　　如前所述，心理学家也提出过结构论证。偏见的态度并不是眼里的一粒沙，无法在不侵扰整体机能的情况下被移除。反之，偏见通常深深嵌入在性格之中，除非整体生活风格被颠覆，偏见态度才有可能改变。只要这种态度对个体有"功能意义"，那就会被嵌入到人的性格中。我们无法在不改变整体的情况下改变其中一部分，对一个人性格的重塑并不容易。

但心理学家也补充过,并非所有态度都是根深蒂固的。人的态度可以分为三类。

(1)第一类人会根据自身经验调整态度,同时考虑社会习俗和需要。这样的人能够调整自身态度,适应社会现实,同时完全保有自己的经验。尽管受限于社会体制,他的态度仍是灵活的,清楚地意识到外群体受到了不公平的对待,可以不顾社会的反对,对外群体保持友善。无论是激进的还是温和的改革者,哪怕根本不想改革,仍能够完全根据自己的态度行事,不会受到团体规范的过度限制。

(2)第二类人的性格自私、僵化,有时会表现出神经症的状况。他们的现实感很低:既不了解也不关心与少数群体相关的事实,也不在意长远来看,普遍存在的歧视会有多么严重的影响。这类态度具有深层次的功能性意义,无论性格发生怎样的巨变,都不会动摇。

(3)最后,第三类也很常见,我们发现很多人的族群态度缺乏内部整合,所以总会变换,且多与当下的情景有关。这种人本身是矛盾的——或者更准确地说,他们的情感具有多面性,由于缺乏坚定的态度,因此会屈服于任何压力。倡导包容的呼吁在这个群体身上最能看到成效。这样的人很容易受到教育和大众媒体的影响,其心智组织方式也很容易因正向经验而改变,不再像之前一样只是随机遵从普遍存在的偏见。

我们无法确切得知上述三类人在人口中的比例。严格的结构论认为，他们所有人都比想象中更容易受到个人和社会体系的影响。

有些学者强调个人与社会体系相互依赖的关系，认为要想改变一个人的态度，就必须同时考虑这两个体系，因为态度处于这两个体系交织而成的结构矩阵中。纽科姆这样解释："如果一个人持续以相对稳定的参考框架看待事物，那么他的态度倾向于保持不变。"稳定的参考框架可能锚定于社会环境中（比如，所有的移民都住在铁路那边，所有的美国原住民都住在另一边），但也有可能存在内部参考框架（比如，所有外来者都会威胁到我），或者二者兼而有之。保持这种组合结构观点的人会坚持认为，只有先改变相关的参考框架，态度才能随之改变。

**批评**

无论是社会学还是心理学抑或是二者结合提出的结构化论点，都相当有价值，解释了为什么零星的努力没有成效，也说明了偏见问题跟社会生活结构密不可分。

然而，只要稍不留意，结构化论点就能让人陷入错误的心理学和悲观主义中。改变个人态度之前，我们必须先改变整体结构，这种说法并不合理。因为整体结构至少有一部分是由个人态度组成的。改变必须从某个地方开始，实际上，根据结构理论，改变可以从任何地方开始，毕竟无论哪个部分的改变，在一定程度上都会影响整个系统。社会或心理系统是各种力量的平衡，但这是一个不稳定的系统。根据正式的定义，社会系统需要平等，尽管这个系统中很多非正式的特征都体现出了不公平。因此，即使在最结构化的系统中，"非结构化"的状态依然存在。你的性格还有我的性格也是一种系统，但我们可以说这无法改变吗？难道一定要先改变整体才能改变部分吗？这种观点着实荒谬。

假设美国拥有相对稳定的阶级系统，每个族群都有自己的先赋地位，且偏见是伴随物，但系统中仍有一些因素能够引发持续的改变。例如，美国人似乎深信"态度可以改变"，广告巨头就是依靠这种信念才屹立不倒。美国人同样对教育的力量充满信心，本身就非常排斥"天性无法改变"的理念。整体而言，这一系统拒绝"血统说明一切"的教条观点。尽管这种理念或许并不是完全正确，但重点在于，信念本身就是重要的因素。如果每个人都期望教育、宣传和治疗能够发挥作用，那相对于没有这种期待的时候，改变会发生得更自然。如果有什么东西可以带来改变，那就是人们的热情。社会系统并非一定会起到阻挠变革的作用，有时反而是一种刺激。

## 积极原则

我们并不是要拒绝结构性论证，而是要指明，结构性论证并不是要为完全的悲观主义做支撑。它有力地提醒我们注意已有的限制，但并不否认人类关系领域已打开了新的大门。

例如，结构性论证提出了一个很实际的问题：哪里是改变社会或性格结构的最佳切入点？前几章已经对这个问题进行了讨论，虽然还没有得到最终答案，但以下几项原则似乎非常重要：

1. 这一问题涉及许多方面，所以没有万能的解决方案，最明智的做法就是同时从所有方面入手，来自各个方面的微小努力叠加起来，也有可能带来巨大的积累效应。

2. "所有少数族群终将同化为一个族群"，这一说法似乎是一个遥远的乌托邦。我们应该学习如何与多元种族和多元文化长期共处，以期改善群际关系。

3. 我们所做的努力会带来一些不安的反应，这是系统变革时常出现的后果。

4. 回旋镖效应有时会出现。

5. 根据我们对大众媒体的了解，单靠宣导的方式并不能获得显著效果。

6. 教导或发布关于群体历史、群体特征或偏见本质的科学信息虽然没有任何坏处，但并不是很多教育工作者所希望的万能神药。信息传递可能带来三个正面效果：（1）维持少数群体的信心；（2）鼓励和支持包容者；（3）可以削弱偏见者的合理化因由。

7. 行动通常比单纯的信息更有效。

8. 常见的提升方案几乎都无法在偏执者身上见效，毕竟他们的人格结构非常僵化，难以改变，对外群体的排斥已经成为其生活的一部分。不过，即使是最顽固的人也可以通过个别治疗获得帮助——虽然开销比较大，且当事人一定会抗拒，但至少从原则上看，我们不用对这样的极端案例失去希望。

9. 尽管缺乏研究的佐证，但幽默和玩笑似乎可以刺破煽动者虚伪和不理性的呼吁。笑声是对抗偏见的武器。

10. 至于社会项目（即社会制度），我们目前达成的共识是，相较于直接打击偏见，打击隔离和歧视才是比较明智的做法。因为就算削弱了个体的偏见态度，还是会遇到难以逾越的社会规范的限制。只有削弱了种族隔离制度，才有机会让不同群体为了共同的目标而平等接触。

11. 另一种明智的做法就是利用最有可能发生社会变革的领域。整体而言，提升居住水平和经济实力是最容易达成的目标，幸运的是，这正好是少数群体最期望改善的领域。

12. 管理者可以运用涉及行业、政府和学校的行政命令推动理想的变革，他们在这方面远比自己想象的有力量。

13. 激进改革派的作用也不能小觑。个体的努力也有可能成为改变社会制度的决定因素。

以上是从研究和理论中得到的积极原则，并不是完整的蓝图——这样说就太自大了。它们是楔子，只要巧妙运用，就有希望打破偏见和歧视的外壳。

## 跨文化教育的重要性

如此前讨论的，偏见和包容的习得是微妙且复杂的过程，家庭无疑比学校的角色更重要。如果涉及对少数群体的态度，家庭氛围与父母的专门教导同等重要，甚至前者会更重要一些。

学校教育虽然无法完全抵消家庭氛围的影响，但仍能取得很大成效。

另一个问题是，儿童或青少年应该在学校学习什么课程？哪些课程应该纳入跨文化教育的内容？对此，我们还没有完全的证据，但有几项必要的群体间教育可以作为参考：

1. **种族的意义**。各种影片、图像和手册可以用于学校教育，这些详尽的人类学事实可以让孩子有所领悟。孩子应当认清种族的遗传学定义和社会定义间的区别。

2. **不同种族群体的习俗及其意义**。传统的学校教育虽然会涉及这个部分，但方式并不明确。现代展览和节庆活动，还有不同族群背景的孩子在课堂上的表现，都能给人留下深刻的印象。

3. **群体差异的本质**。为了归纳前两项学习的内容，孩子必须对人类群体之间的异同点有深刻认识。

4. **小报思维的本质**。学生们可以在老师的引导下对自身过于简单的范畴进行批判性的反思，简单的语义学教育和基础心理学课程对孩子来说既不乏味，也不至于晦涩。

5. **替罪羊机制**。恰当的教育可以让孩子有深刻体会，让他能留意自己的投射，避免在人际关系中寻找替罪羊。

6. **因受害而产生的特质**。因遭受迫害而进行自我防卫并不难理解。

7. **关于歧视和偏见的事实**。学生不应该对自己所生活的社会一无所知。

8. **允许多重忠诚**。绝对忠诚的教育——无论是对国家、学校还是家庭——是灌输偏见教育的方式。随着孩子的成长，他们会发现忠诚可以是同心圆，较大的圆可以涵盖较小的圆，不一定是相互排斥的。

# 结　语

## 关于理论的结语

歧视和偏见究竟是关于社会结构还是性格结构的事？答案就是**二者皆是**。更准确地说，**歧视**通常与主流社会体系中的文化实践密切相关，而**偏见**则特指某种性格中的态度结构。

这种区分虽有助益，但我们认为，这二者共同影响了人的歧视和偏见。我们要再次强调，多样化方法很有必要，如**历史、社会文化、情景分析**，以及**关于社会化、人格动力学、现象学的分析**，最后还包括对**真实群体差异**的分析。虽然相当不容易，但别无他法。

改善方案大致可以分为两类：一类强调社会结构的变革（例如立法、住房改革、行政命令等），另一类强调性格结构的改变（跨文化教育、儿童培养、劝导等）。但实际上，这两类方案是相辅相成的。要想让跨文化教育发挥作用，就需要改变学校的制度。此外，大众媒体效用的提升将会影响受众和传播系统本身的政策。社会科学现在已能够成功预测不同单一方案的效果，但我们还是建议要多种方式结合。致力于改善群体关系的人最好也多管齐下打击歧视和偏见。

本书的目的是让读者相信，偏见问题实际上包含各不同方面，同时希望提供整体框架，帮助读者牢记各种不同因素。最后，本书还针对不同要素进行了详实分析，为日后理论提升和改善方案的进步奠定了基础。

这些设想或许过于大胆，但我们认为本书的内容仍需在未来进行修正和扩展。人类行为的科学仍在发展初期，虽然起步时跌跌撞撞，但我们相信，未来的进步不可限量。

## 关于价值观的结语

成熟的民主人士必须要具备体察入微的美德和能力：包括能够理性思考因果关系、针对群组及其特征形成恰当差异化分类的能力、赋予他人自由权利的意愿以及建设性运用自身自由的能力。这些品质很难养成并维持，因为人更容易向简单化和教条主义屈服，排斥民主社会必然存在的模糊性，渴求确定性，"逃避自由"。

作为民主信念的一部分，对人类行为中不理性且不成熟的元素进行客观研究有助于我们抵消其影响。显然，无论是纳粹德国还是其他极权国家，都不允许科学界任意研究非理性行为的心理机制。针对公众舆论、精神分析、谣

言、煽动、宣传、偏见的研究都被禁止——除非是出于地
缘政治剥削而秘密进行的。反之，在自由的国家，对非理
性行为的研究已经加速，因为我们坚信，一旦了解造成民
主倒退、族群中心主义和仇恨的社会因素和性格因素，就
可以控制这些负面力量。

有些人可能认为，包含偏见在内的非理性行为是好
事。有人表示，紧张是生活的本质，生活总要挣扎，生存
就得征服。大自然是残酷的，人也是残酷的，对抗偏见犹
如讨好弱小的种族。这种观点可以理解，但在民主价值观
中并不常见，在道德上也让人难以接受。民主价值观认为，
无论是哪个人类群体，都享有平等的正义和机会，正因如
此，本书所描述的针对族群冲突、偏见根源和改善方案的
寻求才得以开展。科学家和普通人一样，会不由自主受到
个人价值观的驱动。

价值观由两方面进入科学情景。首先，激励科学家
（或学生）持续进行研究；然后，引导科学家完成最后一
步，将研究成果应用在其希求改善的社会政策上。价值
观不会牵涉科学研究的下列阶段，因此也不会对其加以扭
曲：（1）它不会影响科学家对问题的识别和定义；（2）它不
会进入科学观察、实验或事实收集过程；（3）它不会涉及
科学定律的归纳过程；（4）它不会介入结果和理论的沟通
过程。

总而言之：本书以及书中所涵盖的研究都以作者的价值观为动力，每个拥护民主信念的人都秉持着相同的价值观。同样，本书的写作目的是将书中提到的事实和理论用于改善群体之间的紧张关系。人类关系中的民主理想是否可行，全世界都瞩目于此。公民是否能够学会不以牺牲同胞为代价，携手合作谋求自身福祉和成长？从全人类大家庭的角度看，答案尚未可知，但我们希望答案是肯定。